놀여 배우는 교실 놀이터
인성을 키우는 놀이 활동 프로그램

아이들과
놀 함께
자

※이 책은 초등학교 교사, 유치원 교사, 어린이집 교사, 학원 교사, 방과 후 학교 교사, 토요 학교 교사 등 초등학생을 지도하는 모두를 위한 책입니다.

아이들과 놀 함께 자

2014년 4월 15일 처음 펴냄
2017년 12월 8일 4쇄 펴냄

지은이 김성현
펴낸이 신명철
펴낸곳 (주)우리교육
등록 제 313-2001-52호
주소 03993 서울특별시 마포구 월드컵북로 6길 46
전화 02-3142-6770
팩스 02-3142-6772
홈페이지 www.uriedu.co.kr

이 도서의 국립중앙도서관 출판시도서목록(CIP)는
e-CIP홈페이지(http://www.nl.go.kr/ecip)에서 이용하실 수 있습니다.
(CIP 제어번호:CIP2014010718)

놀며 배우는 교실 놀이터
인성을 키우는 놀이 활동 프로그램

아이들과 놀 함께 자

김성현 지음

우리교육

프롤로그

대학 시절, '어떻게 하면 재미있게 수업을 진행할 수 있을까?' 하고 늘 고민했습니다. 그 정답을 준 것은 바로 레크리에이션이었습니다. 이를 통해 교과 수업과 놀이를 접목하여 즐겁게 수업을 이끌어 갈 수 있었습니다. 이후 항상 어떠한 일도 즐겁게 전달하려고 노력하고 있습니다.

요즈음, 사람들이 어떠한 프로그램에 참여할 때 가장 중요하게 생각하는 것은 '재미있느냐'는 것입니다. 어떠한 메시지를 전달할 때 웃음과 재미가 가미되지 않으면 사람들은 금방 싫증을 냅니다. 따라서 놀이 수업의 아이디어와 레크리에이션의 기법을 잘 익혀, 다양한 교과 수업에 잘 이용하였으면 합니다.

학력만 중시하고, 결과를 두고 학생을 판단하며, 경쟁에서 살아남아야 하는 현실이 교실을 메마르게 합니다. 공부가 즐거워야 학교가 재미있고, 교우 관계가 원만해야 학교에 가고 싶어집니다. 학교와 학원의 가장 큰 차이는 학원의 경우 대부분 교사 중심 수업이고, 빠른 시간 안에 성적을 올리기 위해 획일적인 수업 형태로 진행된다는 점에 비해, 학교는 학생 중심 수업이며, 성적을 올리는 것에만 초점을 두는 것이 아니라 학생의 전

인적 성장에 역점을 두고 교육이 진행된다는 것입니다.

공부가 즐겁고 교우 관계가 원만해지기 위해서는 다양한 놀이 프로그램, 인성 교육 프로그램, 놀이 수업의 아이디어가 필요합니다. 이 책에서는 그 아이디어들을 하나하나 정리해 보았습니다. 이 책을 읽는 모든 분들이 학생들에게 가르치고자 하는 지식을 책에 소개된 다양한 놀이 방식을 이용하여 전달하기를 소망합니다. 더 나아가 배움터에서 웃음꽃이 피고, 친구들 사이에 마음의 장벽이 허물어지며, 마음의 길이 열리기를 희망합니다. 모든 수업이 재미있을 수는 없습니다. 그러나 놀이 수업이 배움의 촉매제 역할을 할 것이고, 활력을 더할 것임을 확신합니다.

이 책이 나오기까지 늘 지지와 격려를 아끼지 않은 아내와 부모님께 사랑을 전합니다.

차례

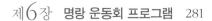

놀이 수업을 이끄는 교사를 위한 팁!

놀이 수업에 관심을 가지고 이 책을 펼치는 교사는 이미 수업 전문가라고 생각합니다. 수업에 관심을 가지고, 관련 자료를 찾고 연구하고자 하는 교사들께 진심 어린 박수를 보내 드립니다. 요즘 사람들은 어디에서 무엇을 하든 즐거움을 느끼지 못하면 지루하게 느낍니다. 성인들이 그렇게 느끼는데, 어린이들에게는 당연지사입니다.

컴퓨터와 영상 매체에 익숙한 아이들은 무엇인가를 혼자 하는 데 많이 익숙해져 있습니다. 따라서 누군가와 함께 무엇을 한다는 것에 어색해하며 불편해합니다. 다시 말해, '사람 냄새' 나는 활동에 익숙해져 있지 않습니다. 따라서 학교에서 활동 중심 수업, 협동 학습 수업, 놀이를 통한 게임 수업을 진행하는 것은 교사로서 갖추어야 할 중요한 핵심 능력 중 하나로 자리 잡고 있습니다. 교사들이 교실에서 적용하는 데 몇 가지 도움을 드리고자 이 책에 제시된 여러 활동들을 정리해 보았습니다.

첫째, 교사들 입장에서는 단순한 프로그램이고 게임이지만, 아이들에게는 무척 즐거운 시간이 될 수 있습니다. 또한 잘 아는 게임이고, 몇 번이고 해 봤던 게임이라 할지라도 아이들은 신 나게 참여합니다. 게임에 참여하는 친구들이 다르고, 게임 장소와 분위기가 다르고, 또 진행하는 교사가 다르기 때문입니다. 늘 새로운 게임을 해야 한다는 생각에서 자유로워지시기 바랍니다.

둘째, 기존 게임에서 약간의 변형만 주어도 새로운 게임이 될 수 있습니다. 교사와 학생 모두가 잘 아는 게임은 그만큼 게임으로서 인정을 받은 것이라 할 수 있습니다. 오래된 게임에 약간의 변형을 주십시오. 새로운 규칙을 만들어 보시기 바랍니다. 게임 진행 시간, 게임 진행자, 게임 장소, 언어 등 여러 가지 요소들에 약간의 변화만 주어도 아이들은 큰 재미를 느낍니다.

셋째, 놀이 수업에 여러 가지 매체와 준비물을 활용하십시오. 아이들이 즐겁게 프로그램에 참여할 수 있도록 아이들이 좋아하는 동요, 관련 배경음악, 화면을 통한 점수 게시, 실물 화상기 활용, 악기 연주 등 교실에 있는 여러 물건들을 창의적으로 활용한다면 게임은 더욱 흥미진진해질 것입니다.

넷째, 놀이 수업을 하기 전에 반드시 규칙을 정하고, 학생들에게 이를 인지시켜야 합니다. 놀이를 통한 수업이 목적이지, 놀이에서 그치는 것이 아니라는 뜻입니다. 때로는 아이들의 흥미를 돋우기 위한 게임도 있습니다. 그러나 지켜야 할 것은 분명히 지킬 때 모두가 즐겁게 게임을 즐길 수 있음을 이해시켜야 합니다. 교사가 수신호나 약속을 정해서 주의 집중이 될 수 있도록 하는 것입니다.

다섯째, 모든 수업을 항상 즐거움과 재미를 더한 수업으로 만들 수는 없습니다. 일주일에 한두 번 정도만 게임과 놀이를 더한 수업을 진행해도 성공한 것입니다. 놀이 수업을 진행할 때 첫 번째 선결 조건은 교사가 즐거워야 하는 것입니다. 교사가 즐겁지 못하면 아이들은 억압된 분위기 속에서 게임을 즐기지 못합니다.

마지막으로, 놀이나 활동이 모두 끝난 후에는 몇몇 학생들의 느낌을 물어보고, 좋은 점과 좋지 않았던 점, 개선할 사항 등을 체크한 후 기록해 두십시오. 교사가 기록한 사항들은 추후 프로그램을 진행할 때 큰 도움이 될 것입니다.

제1장
팀워크와 창의성을 길러 주는 활동 게임

■ 스팟 게임-이거 맞나요?

시간:10~20분
적용 가능 과목:수학
수업 효과:분위기 집중, 추론·추측·집중력 향상에 효
과가 있다.

이 게임은 주의를 집중할 때 적당하다. 이 게임에서는 교사
와 도우미가 비밀 토의를 한다.

나머지 학생들이 교사와 도우미의 비밀 토의 내용을 밝히는
것이 게임의 최종 목표이다. 교사와 도우미 사이의 작전 내용을
나머지 친구들이 추리를 통해 맞히는 게임이다.

1. 교사(진행자)와 도우미를 선발한다. 그리고 교사와 도우
   미가 은밀하게 작전 토의를 한다.
   (예, 세 번째 묻는 질문에는 무조건 "네."라고 답하기.)
   (예, 선생님이 묻는 다섯 번째 질문에는 무조건 "네."라고 답
   하기, 선생님이 계속해서 질문을 하다가 칠판에 적어 보고 다
   음 질문에는 무조건 "네."라고 답하기 등.)
2. 작전 토의 후, 도우미 학생은 벽을 보고 선다. 그리고 나
   머지 학생들은 교실의 물건 한 가지를 선정한다.
   (예, 컴퓨터를 선정했다고 친다.)
3. 벽을 보고 있던 도우미는 친구들 앞으로 나와 친구들
   이 선정한 물건을 교사의 질문에 답하며 맞힌다.

(예, 교사: 연필 맞습니까? 도우미: 아니요. 교사: 교과서 맞습니까? 도우미: 아니요. 교사: 컴퓨터 맞습니까? 도우미: 네.)

*이처럼 도우미 학생은 세 번째 질문에 무조건 "네"라고 대답하기로 했기 때문에 작전대로 대답한 것뿐이다. 나머지 친구들은 작전 내용을 추리하도록 노력한다.

4. (작전 내용을 아는 사람이 없다면) 도우미는 마찬가지로 뒤로 가서 벽을 보고 서 있고, 친구들은 또다시 물건 하나를 선정한다.

    (예, 종이컵을 선정했다고 하자.)

5. 교사는 도우미를 친구들 앞에 서게 하고 다시 질문한다.

    (예, 교사: 지우개 맞습니까? 도우미: 아니요. 교사: 분필 맞습니까? 도우미: 아니요. 교사: 종이컵 맞습니까? 도우미: 네.)

    *교사와 도우미 모두 세 번째 질문에 집중하는 것이 중요하다.

6. 아이들이 작전 토의 내용의 비밀을 맞힐 때까지 게임은 진행된다. 그리고 누군가 "세 번째 질문에는 무조건 네." 라는 비밀을 찾게 된다면 교사는 또 다른 도우미를 선발해서 다른 내용으로 게임을 이어 나갈 수 있다.

TIP

1. 비밀 추리는 개인별로 찾아내는 것도 좋지만, 모둠별로 맞히는 것도 좋다.

2. 영어로 진행하는 것도 좋다. "Is this a pencil, right?", "This is a pencil. Is it right?"

■ Jigsaw 활용 이야기, 순서 추측 게임

시간 : 20~25분
준비물 : 이야기가 적힌 종이, 필기도구
적용 가능 과목 : 국어, 영어, 사회(역사)
수업 효과 : 전후 관계, 원인과 결과, 시간의 흐름을 파악
하고 이해할 수 있다.

여섯 명으로 구성된 모둠에서 교사는 각 학생에게 번호를 부여한다. 그리고 각 모둠의 1번 학생끼리, 2번 학생끼리, 3번 학생끼리 각각 모이도록 한다. 그리고 교사는 같은 번호끼리 모인 학생들에게 전체 이야기를 여섯 부분으로 나눠서 내용 일부의 내용이 적힌 종이를 나누어 준다.

학생들은 이야기의 내용을 이해하고 서로 이야기하면서 이야기의 줄거리와 핵심 내용을 확실히 체크한다. 같은 번호끼리 내용 이해가 끝난 후, 자신의 모둠으로 돌아가 서로 이야기하며 이야기의 순서를 맞춰 나가는 것이다. 학생들이 이야기 차례를 맞히는 방법은 예를 들어 '3번 학생-2번 학생-1번 학생-6번 학생-5번 학생-4번 학생'처럼 나타내면 되고, 교사는 모든 모둠이 토의를 마친 후 종이에 적어 동시에 공개될 수 있도록 한다.

Tip

이 게임을 진행할 때는 정해진 정답을 두기보다는 다양한 이야기 구성에 대한 학생들의 이유를 경청하고 다양성과 창의성을 허용해 주는 것이 중요하다.

■Making Story-이야기 만들며 놀기

시간:5~15분
준비물:추첨함, 단어 카드
적용 가능 과목:국어, 사회
수업 효과:상상력, 순발력, 이야기 구성 능력, 창의력을
      키운다.

창의력과 상상력, 순발력과 재치가 필요한 게임이다.

학생들이 자리에 앉아 있고, 교사 이야기의 첫 상황을 제시한다.

"철수는 집이 무척 가난한 아이였지만 학교 공부를 성실
히 해서 명문 대학에 합격했다. 대학 등록금은 500만 원,
철수는 대학에 가고 싶었지만 등록금 때문에 대학을 포기
해야 하는 순간이었다. 오늘은 1월 15일, 등록금 마감 날짜
는 2월 15일, 한 달이 남았다. 그런데……."

이와 같이 교사가 첫 번째 상황을 제시하고 난 후 첫 번째
학생이 다음 이야기를 이어 나간다.

"그런데 어느 날 집에 한 아저씨가 찾아온다."
"아저씨는 철수의 딱한 사정을 듣고 무척 슬퍼했다."

이렇게 이야기는 계속해서 전개되어 마지막 학생까지 이어진

다. 교사는 중간에 이야기가 늘어진다거나 지루하다면 준비된 추첨함에서 단어 카드를 뽑는다.

*추첨함에 있는 단어 카드 내용
"그러나 / 갑자기 어느 날 / 그럼에도 불구하고 / 놀라운 일이 벌어졌다 / 돈이 100만 원이 생겼다 / 참 슬픈 일이 벌어졌다 / 참 웃긴 일이 생겼다 / 이름 모를 한 남자가 찾아왔다 / 복권에 당첨 되었다" 등등

추첨함의 단어 카드를 뽑은 후 이와 어울리게 이야기를 계속해서 전개해 나가도록 한다. 그리고 마지막에는 문장력이 있는 친구를 배치해 이야기의 완성도를 높이도록 한다.

Tip

1. 저학년이라면 일 인당 한 문장 정도, 고학년이라면 일 인당 두 문장 정도 창작하는 것이 좋다.

2. 내용이 지나치게 선정적이거나, 비교육적이라 판단되면 지도가 필요하다.

3. 학생들의 배석 순서에 따라 진행될 수도 있지만, 추첨을 통해서 이야기 창작 순서를 정해도 된다. 또한 상상력이 번뜩이는 학생이 거수를 통해 다음 이야기를 진행해도 좋다.

4. 이야기가 진행되다가 두 가지 결정을 해야 하는 경우라면, 교사가 A의 선택을 했을 때, B의 선택을 했을 때로 나누어 각각을 진행해 보아도 좋다.

■ 천사와 악마(토론 게임)

시간: 40분
준비물: 토론 주제, 토론 판정표, 토론 자료, 필기도구
적용 가능 과목: 사회, 국어, 도덕, NIE(신문 활용 교육
활동)
수업 효과: 공감, 비판적 사고, 관점의 다양성 인정, 민
주 시민 자질 배양, 자료 해석 능력을 키운다.

흔히 두 마음 토론이라고 일컬어지는 천사와 악마 게임은 독일의 민주시민교육 방법론에서 개발된 토론 방법이다.

먼저 교사는 토론 주제를 정하고, 모둠별로 학생들의 역할도 정해 준다. 예를 들어 여덟 명으로 구성된 모둠에서 사회자 한 명, 찬성 두 명, 반대 두 명, 중립 세 명으로 역할을 정한다. 그리고 토론이 시작되면 사회자의 진행과 함께 찬성 측과 반대 측 학생들은 중립 입장에 있는 학생을 설득하도록 노력한다.

이 게임은 토론 예절을 지켜 정해진 시간 동안 토론을 진행하는 것이다. 토론을 마친 후 중립 입장의 학생이 어느 쪽 입장에 설득이 되었는지에 따라 우승 팀이 정해진다. 교사는 중립 입장의 학생이 왜 찬성 또는 반대 쪽 입장을 선택했는지에 대해 발표하는 시간을 가지도록 한다.

천사와 악마는 반 전체를 대상으로 진행해도 좋은 토론 게임이다. 사회자 한 명, 찬성 열 명, 반대 열 명, 중립 5~7명(홀수 명)로 교사가 역할을 지정한 후 토론을 펼치면 된다. 중요한 것은 중립에 있는 학생들이 왜 찬성/반대하는지에 대해 논리적으로 말할 수 있어야 한다는 점이다. 게임에 앞서 교사는 토론

21

예절을 지도한다. 특히 다음의 사항은 반드시 지킬 수 있도록
사전에 말해 준다.

1. 발언권을 얻어서 이야기한다.
2. 제한 시간을 넘겨서 이야기하지 않는다.
3. 상대방을 인신공격하거나 거친 말을 사용하지 않는다.
4. 토론 주제에 벗어난 말을 하지 않는다.

덧붙여, 더 효과적이고 적극적인 토론이 되기 위해 사전에 토
론 주제를 제시하고 학생들이 자료를 충분히 조사하도록 하는
것도 중요하다.

■ 천사들과 악마들(토론+Jigsaw)

시간 : 40분
준비물 : 토론 주제, 토론 자료
적용 가능 과목 : 국어, 도덕, 사회, NIE(신문 활용 교육
　　　　　　　활동)
수업 효과 : 협상 능력, 비판적 사고력, 경청, 발표 능력을
　　　　　 키운다.

　천사와 악마 게임의 변형 토론 게임이다. 모둠별로 세 명 또
는 다섯 명을 구성한다. 예를 들어 다섯 명으로 구성했다면 교
사가 역할을 찬성 두 명, 반대 두 명, 중립 한 명으로 정한다.
그리고 각 모둠별로 찬성 역할을 맡은 학생들끼리 그리고 반대
역할을 맡은 학생들끼리 모여 찬성/반대 쪽으로 설득시키기 위
한 아이디어 회의 및 작전 회의를 진행한다. 그리고 교사는 중
립 역할을 맡은 학생들을 모아 놓고, 어떠한 의사 결정도 미리
하면 안 되며 양쪽의 논리성, 설득력을 바탕으로 의사 결정을
해야 한다는 등의 주의사항을 알린다.

　찬성 팀, 반대 팀의 작전 회의가 끝나면 각자의 모둠으로 돌
아가 토론을 펼친다. 그리고 중립 학생들의 의견을 바탕으로 어
느 팀이 더 많은 학생을 설득시켰는지에 따라 승리를 결정한다.

■ 문장 확장 게임

시간:5~10분
적용 가능 과목:국어
수업 효과:어휘 구사력 향상, 적절한 단어 사용 능력 향
상에 도움이 된다.

끝말잇기를 변형한 학습 게임이다. 순서는 다음과 같다.

우선 모둠별로 게임 참여 순서를 정한다. 먼저 교사가 첫 번째 제시어를 정한다. 그러면 첫 번째 학생이 끝말을 이어 시작하는 단어를 찾아 이야기하는데, 이 단어에 형용사, 부사를 사용해서 미사여구를 붙여 말하는 것이다.

다음과 같은 방식으로 진행한다.

교사가 '시간표'를 제시하면 모둠의 첫 번째 학생은 "시간표(딴딴딴), 표정(딴딴딴), 아름다운 친구의 표정"이라고 말하고, 두 번째 학생은 "표정(딴딴딴), 정리(딴딴딴), 말끔한 정리", 세 번째 학생은 "정리(딴딴딴), 리어카(딴딴딴), 정감 있는 할아버지 리어카", 네 번째 학생은 "리어카(딴딴딴), 카센터(딴딴딴), 우리 동네 대형 카센터"라고 말하면서 진행한다.

또 위와 같이 각 모둠별로 진행해도 되지만, 모둠 대항으로 진행해도 좋다. 즉 첫 번째 모둠이 단어를 이어 가고 두 번째

모둠이 박자를 맞춰 이어 가는 것이다. 이때 모둠에서 아이디어가 떠오른 학생이 재빨리 자리에서 일어나서 기회를 잡는 것이 승리의 요소이다.

■ 서바이벌 논리 배틀

시간: 20~30분
준비물: 필기도구, 종이
적용 가능 과목: 국어, 도덕
수업 효과: 창의성, 논리성, 비판적 사고력을 기른다.

1. 색다른 질문과 브레인 라이팅

모둠 대항 논리와 창의성을 키우는 게임이다. 교사는 학생들에게 다소 엉뚱한 주제들을 제시한다. 예를 들면 "산이 바다보다 좋은 이유?", "친구들이랑 노는 것보다 공부하는 것이 즐거운 이유?", "물에 빠진 개와 고양이 중 하나만 구할 수 있다면 어느 것을 구하겠습니까?", "수학이 게임보다 좋은 이유?", "사과가 바나나보다 더 좋은 이유?", "버스가 지하철보다 좋은 이유?", "초콜릿이 아이스크림보다 좋은 이유?" 등과 같은 주제들을 제시한다.

교사는 주제 제시 후, 모둠별로 종이를 넉넉히 나누어 준다. 학생들은 종이에다 각자 자신이 생각하는 이유를 논리적으로 작성한다. 작성한 종이는 모둠 책상 중앙에 두고, 다른 학생이 적은 종이를 돌려서 읽는다. 이때 친구가 작성한 의견을 읽고 떠오르는 아이디어가 있으면 종이 밑에다 쓰면 된다. 또 돌려 읽다가 색다른 아이디어가 떠오르면 새로운 종이에 자신의 의견을 작성한다. 브레인 라이팅Brain Writing이 끝나면 모둠장은 자기 모둠의 발표 내용을 정리한다. 이때 교사는 주장을 뒷받

침하는 타당한 근거를 제시하도록 안내한다.

모둠별로 토론 준비가 끝나면 한 모둠씩 발표하도록 한다. 방법은 한 모둠이 발표하고 다른 모둠에서 질문하는 형식이다. 그리고 특별히 논리적으로 문제가 되지 않으면 다음 모둠으로 차례가 넘어간다. 그런데 논리적으로 문제가 있으면 다른 모둠 친구들이 질문을 하거나 반박을 하면서 토론이 이어질 수 있다. 이와 같이, 계속해서 발표를 해 나가다가 논리적으로 맞지 않는 주장과 근거를 제시하는 모둠, 다른 모둠의 질문에 적절한 대답을 하지 못하는 모둠, 또는 감정적으로 화를 내거나 흥분하는 모둠은 탈락하게 된다. 즉 마지막까지 논리 있는 근거를 제시하며 예의를 갖춰 토론에 참가하는 모둠이 우승하게 된다.

2. PMI(Plus Minus Interesting) 서바이벌

PMI 기법은 어떤 문제의 좋은 점이나 긍정적인 부분(P), 나쁜 점이나 부정적인 부분(M), 그리고 흥미로운 부분(I)을 통해 새로운 해결책을 생각하는 것이다. PMI에 게임적 요소를 더하면 모둠별로 어떠한 문제에 대해 긍정적(P), 부정적인 부분(M)에 대해 각각의 아이디어를 생각하고 기록한다. 관련 아이디어는 많을수록 좋으나 분명히 논리적인 주장이어야 한다.

교사는 먼저 장점, 긍정적인 부분(P)에 대해 모둠이 돌아가며 발표하도록 한다. 우승은 서바이벌 형식으로 논리적으로 많은 아이디어를 계속해서 발표하는 모둠이 차지하는 것이다. 이와 같은 형식으로 단점, 부정적인 부분(M)도 진행한다. 그리고 모둠별로 발표한 P, M 부분을 바탕으로 대안적 아이디어, 해결

책, 색다른 흥미로운 생각(I)에 대해 다시 모둠 토의 시간을 가진다. 제한 시간이 경과되면 다시 교사는 서바이벌 형식으로 I를 진행한다.

Tip

모둠별로 예의를 갖춰 발표하는 것을 사전에 지도하고, 각각의 주장에 대해 논리적으로 근거를 제시하며 참여하도록 한다. 모둠 서바이벌 게임이니 모둠 시상도 하겠지만, 개인 시상도 하면 반응이 좋다.

논리상 : 창의적인 생각과 논리력으로 토론에 참여한 사람

경청상 : 모든 의견을 열심히 듣고, 메모하고 질문한 사람

발명상 : 색다른 아이디어로 멋진 해결책을 제시한 사람

PMI 주제 예시 : 학생들의 교복 착용

P : 브랜드로 인한 위화감 조장 방지, 학교의 소속감을 느끼게 됨, 언행의 안정
  감을 가져옴, 옷에 대한 고민을 해결함.

M : 학생 개개인의 개성 표현 기회 상실, 교복 가격 상승으로 의복비에 대한 부
  담감 상승.

I : 일주일에 한 번, 한 달에 한 번 '사복 입는 날', 교복 물려 입기 운동 추진.

PMI는 사회 수업, 학급 회의, 발명품을 만든 후 품평회 등에 활용하면 좋다.

■ 스토리텔링(Story Telling)

시간:20~30분
준비물:사진, 책, 간이 칠판, 단어 카드
적용 가능 과목:국어, 영어
수업 효과:상상력, 창의성, 의사 전달 능력, 발표력 향상
　에 도움이 된다.

이야기 창작Making Story이 학생 한 명, 한 명의 상상력과 창의력을 동원해 이야기를 만들어 나가는 것이라면, 스토리텔링은 진행자가 먼저 기존 도서 전체를 읽고 참여자들에게 이야기를 생생하게 전달하는 것이다. 이때 표정과 몸짓, 간단한 소품, 목소리의 높낮이, 성대모사 등의 효과를 사용하여 이야기를 전해 주는 것이 중요하다.

방법 1

진행자는 이야기의 2/3를 들려주고, 절정(클라이맥스) 부분에 이야기를 중단하고, 이후의 장면에 대해 참여자가 그룹 토의를 하고 정리하여 발표하도록 유도할 수 있다. "과연, 주인공은 어떻게 되었을까?" 진행자는 참여자들에게 제한 시간(15분)을 주고 가장 창의적으로 스토리를 마무리 짓는 팀을 선발하고 보상하도록 한다.

방법 2

진행자가 이야기의 2/3를 들려주고, 각 그룹별로 잡지를 한

권씩 나누어 준다. 잡지에 있는 여러 사진과 광고, 그림 등을 이용하여 이어질 내용을 스토리 보드에 붙여 발표하도록 한다. 또는 참여자 스스로가 그림을 그려 이어질 내용에 대해 설명을 해도 괜찮다.

방법 3

진행자가 모둠별로 사진을 열 장씩 나누어 준다. 사진은 다양한 상황의 사진이면 좋고 사진들 간에는 연관성이 없어도 괜찮다. 학생들은 제공받은 사진 열 장을 가지고 나름대로 독창적인 이야기를 만들어 보도록 한다. 전혀 연관성 없는 사진들을 가지고 창의적으로 순서를 정해 이야기를 만들어 보게 하고, 각 조별로 발표를 시켜 본다. 모두가 공감하고 몰입할 수 있는 이야기라면 최고의 작가상을 수여하는 것도 좋다.

방법 4

진행자가 단어 스무 개를 제시한다. 단어는 모든 참여자가 잘 볼 수 있도록 게시해 놓거나 칠판에 기록해 놓아야 한다. 예를 들어, 여행, 어린이, 우정, 아파트, 달력…… 등등의 단어를 제시하고 참여자들이 어떠한 이야기를 만드는 데 반드시 지정 단어 스무 개는 삽입을 해야만 하는 것이다. 이때, 진행자는 반드시 5분 정도 분량의 이야기를 만들도록 안내한다. 그렇지 않으면 학생들은 단어 스무 개를 가지고 문장만 만들고 있을지도 모른다.

Tip

이 프로그램은 아이들에게 책이 주는 즐거움을 느낄 수 있도록 만들기 위한 것으로, 상상력을 자극하여 생각하고 참여하게 하는 시간이다. 따라서 모든 활동이 끝난 후, 반드시 서로의 생각과 상상력을 공유하는 시간을 가지는 것이 중요하다. 또한 진행자가 심사위원이 되는 것이 아니라 참여자가 자기 모둠의 작품 심사를 제외하고 다른 모둠의 작품을 심사함으로써 객관적으로 심사 결과가 나오도록 한다.

■ 나는 추상파 화가

시간:20~30분
준비물:종이, 색연필, 사인펜, 잡지, 풀, 색종이, 신문지
적용 가능 과목:미술
수업 효과:상상력, 창의성을 기를 수 있다.

　모든 학생들이 개별적으로 참가하는 프로그램이다. 먼저 컬러로 인쇄된 잡지 한 장을 뜯어낸 후, 마구마구 구긴다. 그리고 구겨진 상태에서 두세 조각으로 마구 찢는다. 찢어진 종이의 중간에 구멍도 낸다. 이 작업이 끝난 후 하나의 종잇조각을 골라 펴도록 한다. 그리고 도화지에 구겨지고 찢긴 잡지 종잇조각을 풀로 붙인다. 도화지에 붙여진 종이의 모양과 색깔은 열이면 열

모든 학생이 다를 것이다. 이 종이를 토대로 학생들은 색연필과 사인펜 등 여러 필기구를 이용해 나름대로 주제를 정해 미술 작품을 완성하는 것이다. 작품이 모두 완성되면, 한 명씩 나와서 자신의 작품을 발표한다. 그리고 학생들은 스티커를 한 장씩 들고 가장 잘된 작품에 붙이면서 심사를 한다.

Tip

색종이, 신문지 등을 구겨서 사용해도 좋다.

■ 이야기 순서

시간 : 20분
준비물 : 책, 종이
적용 가능 과목 : 영어, 국어
수업 효과 : 이해력, 독해력, 논리력 향상에 도움이 된다.

교사는 이야기를 준비하고 전체 이야기를 모둠의 학생 수만큼 적당한 부분쯤에서 나누어 자른다. 이야기를 나눈 종이를 받은 학생들은 각 부분의 이야기를 읽고 순서를 맞춰 나가는 게임이다.

1. 교사는 전체 이야기를 프린트한 후, 이야기 분량과 줄거리 전개 과정 등을 고려하여 모둠 학생 수만큼 이야기를 나누도록 한다.
2. 학생들은 받은 이야기 종이를 한 장씩 가지고 이야기 쪽지를 읽고 이해한 다음, 서로의 줄거리를 맞추어 전체 이야기 순서를 찾도록 한다.
3. 각 모둠별로 구성한 이야기를 발표한다.

Tip

1. 모둠별로 구성한 이야기는 각각 다를 수 있다. 따라서 이 활동은 원래의 이야기 순서를 맞추는 것이 목적이지만 다른 방향의 줄거리로 순서를 구성하는 것도 하나의 재밌거리이다.

2. 이야기 쪽지는 일 인당 학생 수준에 따라 한 개에서 세 개까지 나누어 줄 수 있다. 배부된 이야기 쪽지 수가 많을수록 이야기의 순서와 방향은 다양해질 수 있다.

3. 영어로 된 동화도 이와 같은 방법으로 진행할 수 있다.

■100초 미션

시간 : 40분
준비물 : 미션에 따른 다양한 도구
적용 가능 과목 : 체육, 도덕
수업 효과 : 협동력, 문제 해결 능력, 팀워크 상승, 교우
　　　　　관계 개선에 도움이 된다.

이 프로그램은 팀 빌딩 프로그램으로, 팀원이 함께 협동하여 정해진 임무를 마치는 것이다. 교사는 팀을 조직하도록 한다. 예를 들어, 학생이 삼십 명이면 여섯 명씩(남자 셋, 여자 셋), 다섯 개 조로 조직한다.

교사는 제한 시간 100초 안에 팀별로 완성해야 할 미션 행동들을 안내한다.

미션 행동 1

학생들이 원형으로 서서 두 손으로 왼쪽 사람 어깨를 다섯 번, 오른쪽 사람 어깨를 다섯 번 두드린다. 그리고 다시 왼쪽 네 번, 오른쪽 네 번, 왼쪽 세 번, 오른쪽 세 번, 왼쪽 두 번, 오른쪽 두 번, 왼쪽 한 번, 오른쪽 한 번 두드리는 것이다.

미션 행동 2

협동 제기차기 다섯 개.

미션 행동 3

끈을 이용하여 테니스공을 지정 장소에 옮긴다. 미션 행동의 순서는 뒤바뀌어도 상관이 없다.

교사는 학생들에게 미션 행동 세 가지에 대해 직접 시범을 보여 주며 충분히 이해시킨다. 그리고 연습 시간 30분을 주고 각 팀으로 흩어져 100초 안에 위의 세 가지 행동을 마칠 수 있도록 각각 연습하도록 한다. 연습 시간이 끝나면 모두들 둘러앉아 각 팀별로 미션 수행 여부를 관람한다. 이 프로그램에서 중요한 것은 순위를 매기는 것보다 모든 팀이 미션 수행을 완수하는 데 있다.

Tip

위의 세 가지 미션 행동 외에 대체가 가능한 것들이 있다.

〈미션 행동〉

1) 골프공 굴리기.

2) 전원 훌라후프 다섯 개 동시에 돌리기.

3) 단체 줄넘기 열 번.

4) 팀원이 릴레이로 운동장 ○○초 안에 한 바퀴 돌기.

5) 팀 전원 제기차기 세 번 등등.

이처럼 많은 미션 행동들을, 상황과 참여 학생 수준에 맞게 대체하는 것이 가능하다. 또한 미션 행동을 세 가지 이상 포함해도 되고, 시간을 100초에서 늘리거나 줄여서 진행해도 된다.

■ 나도 시인!

시간 : 20분
준비물 : 시詩, 종이, 필기도구
적용 가능 과목 : 국어
수업 효과 : 창의성, 상상력, 어휘력, 문장 구성력 향상에
         도움이 된다.

국어 수업 시간에 할 수 있는 활동으로 기존의 시詩에서 주요 단어들만 추출한 후 학생들에게 제시하고, 학생들은 제시된 단어들을 활용하여 자신만의 시를 적어 보는 것이다.

이때, 제시된 단어를 여러 번 반복해서 사용하여도 되며, 학생들이 원하는 단어를 추가로 적어서 시를 작성해도 좋다. 그러나 모든 단어를 반드시 사용해야 하는 것은 아니며 제시된 단어 가운데 다섯에서 일곱 개 이상의 단어를 사용하도록 하는 등의 규칙을 정하면 된다. 또 학생들의 작품 활동이 끝나면 마지막에는 교사가 원작을 읽어 주면서 학생이 쓴 시와 비교하게 한다.

활동 예는 다음과 같다.

김춘수의 〈꽃〉에서 교사는 "꽃, 그의 이름, 하나의 몸짓, 꽃, 나에게로, 빛깔, 향기, 불러 다오, 우리들은, 하나의 눈짓, 잊혀지지 않는" 등의 단어를 사용하도록 제시한다.

유치환의 〈행복〉에서 교사는 "사랑하는 것, 행복, 오늘, 나

는, 에메랄드빛, 하늘, 우체국, 창문, 너에게, 편지, 사람들, 얼굴, 생각, 우표, 고향, 그리운 사람, 슬픈, 다정한, 바람, 의지, 꽃밭, 양귀비꽃"과 같은 단어를 사용하도록 알려 준다.

■ 성냥개비 놀이

시간:20분
준비물:성냥개비
적용 가능 과목:수학
수업 효과:사고력, 집중력, 창의력 향상 효과가 있다.

모둠별 대항 게임이다. 교사는 성냥개비를 모둠별로 넉넉히 나누어 주고 화면이나 칠판에 문제를 제시한다. 일정 시간을 준 후, 모든 모둠이 동시에 정답을 제시하도록 한다. 문제를 많이 맞힌 모둠이 우승 팀이 된다.

1. (분수의 개념을 이해하고 있는 학생에게 가능한 문제) 성냥 개비를 다음과 같이 제시한다.

"Ⅰ Ⅰ Ⅰ Ⅰ Ⅰ" 성냥개비 다섯 개 중 하나를 움직여서 성냥개
비가 "1"이 되도록 하라.

정답:11/11

2. 성냥개비를 다음과 같은 수식의 모양으로 제시한다.
"6+3=5" 성냥개비 하나를 움직여 식을 올바르게 고쳐라.

정답:8-3=5 (즉, +에 있는 성냥개비 하나를 6쪽으로 옮기면 된다.)

3. 성냥개비를 다음과 같이 제시한다.
"3-5=2" 성냥개비 하나를 움직여 식을 올바르게 고쳐라.

정답:3=5-2 (즉 등호의 성냥개비 하나를 - 쪽으로 옮기면 된다.)

4. 성냥개비 여섯 개로 삼각형 여섯 개를 만들어 보시오.
단 성냥개비를 부러뜨리면 안 된다.

정답:

*우리 모둠이 문제 출제단
일정 시간을 주고, 성냥개비 문제를 출제하는 것이다. 출제한 문제는 교
사의 검토를 거친 후 타당하다고 생각되는 문제만 이용한다. A모둠에서
출제한 문제를 나머지 모둠에서 못 맞힐 경우 A모둠은 최고 점수를 얻
게 되고, 한 모둠이 맞힐 경우 그리고 두 모둠이 맞힐 경우를 나누어 단
계별 점수를 주면 된다.

5. 성냥개비 여섯 개를 써서 정삼각형 네 개를 만들어라. 단, 성냥개비를 부러뜨리지 않아야 한다. 평면에 국한된 생각에서 벗어나서 만들어 보라.

정답 : 피라미드

6. 성냥개비(피라미드) 두 개를 움직여서 삼각형이 하나도 없게 만들어라. 단, 두 개를 움직이되 겹쳐도 안 되고 다른 성냥개비를 건드려도 안 된다.

정답 : 뒤에 있는 삼각형을 빼서 −, = 모양을 만들면 △−△=이 됨

7. 정사각형이 다섯 개인 도형이다. 성냥개비를 두 개 움직여서 정사각형 네 개를 만들어라. 단, 두 개를 움직이되 겹쳐도 안 되고 다른 성냥개비를 건드려도 안 된다.

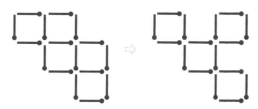

정답 : 6번 11번을 빼서 7과 12를 가지고 사각형을 만들면 된다.

Tip

성냥개비 문제는 인터넷상에서 수없이 찾아볼 수 있다. 학생들의 수준을 고려해서 출제하면 된다.

■ 정의 게임

시간 : 10분
준비물 : 종이, 필기도구
적용 가능 과목 : 사회, 도덕, 국어
수업 효과 : 어휘력, 논리력 향상 효과가 있다.

교사가 "행복이란 _____이다. 왜냐하면 _____이기 때문이다."와 같이 '빈 칸 채우기Cloze test' 형식의 문제를 제시하는 것이다. 이는 모둠원들이 여러 가지 배경지식을 동원해서 작성할 수 있는 문제이고 학생의 상상력, 창의력, 사고력 등을 자극할 수 있는 문제이다.

모둠에서는 모둠원들이 가장 많이 공감한 답안을 두세 가지 적어서 발표하도록 한다. 모든 모둠에서의 발표가 끝난 후 반 학생들에게 가장 호응이 좋은 답을 제시한 모둠을 격려하도록 한다.

교사가 제시할 수 있는 문제의 예시이다.

학교란 _____이다. 왜냐하면 _____이기 때문이다.
학원이란 _____이다. 왜냐하면 _____이기 때문이다.
부모님은 _____이다. 왜냐하면 _____이기 때문이다.
공부는 _____ 이다. 왜냐하면 _____이기 때문이다.
학생은 _____이다. 왜냐하면 _____이기 때문이다.

Tip

이러한 문장들을 개개인에게 적어 보라고 할 수도 있다. 이를 통해 학생의 현재 심리 상태, 가치관, 사고의 방향을 가늠해 볼 수 있다. 정형화 된 문장 완성 검사지를 활용하는 것도 좋다.

■ 찾아라! 찾아라!

시간:20~30분
준비물:종이, 필기도구
적용 가능 과목:사회, 도덕, 실과, 과학
수업 효과:관찰력 향상, 모든 것에는 긍정 요소와 부정
　　　　　요소가 공존한다는 것을 배운다.

　모둠 대항 게임으로 적합한 활동이다. 교사는 전체 학생들에게 두 가지의 단어를 제시한다. 예를 들어, 삼각형과 사각형, 토끼와 거북이, 학교와 학원 등의 단어를, 고학년은 단어로 제시하고, 저학년은 그림으로 제시한다.
　그러면 모둠별로 학생들은 두 단어(토끼와 거북이)의 공통점과 차이점을 찾는데, 최대한 많이 찾도록 한다.

예시
공통점 동물이다. 발이 네 개이다. 눈 코 입이 있다.
차이점 거북이는 물과 육지 모두 생활이 가능, 거북이는 장
　　　수하지만 토끼는 오래 살지 못한다.

　모둠별로 차이점, 공통점을 찾았으면 교사는 모둠별로 찾은 내용을 하나씩 순서대로 발표하게 하는데, 겹치는 내용은 발표할 수 없다. 따라서 마지막까지 모두가 공감할 만한 타당한 근거를 들어 발표하는 모둠이 우승하게 된다.

Tip

1. 수업 시간에 배운 내용에 관한 내용을 활용하거나, 교사가 사전에 특정 주제에 관한 과제를 제시한 후 진행하면 효과적인 활동이다.

2. 같은 점, 다른 점이 아닌 어떤 문제를 두고 좋은 점, 나쁜 점을 모둠별로 토의하고 활동하는 것도 좋다. 이는 토론 활동을 변형한 수업이다.

예) 저학년이라면 휴대폰 사용의 좋은 점, 나쁜 점.

고학년이라면 컴퓨터 게임의 좋은 점, 나쁜 점.

■ 꿈의 비행기 날리기(운동장 프로그램)

시간:20분
준비물:종이, 필기도구, 헬륨 풍선
적용 가능 과목:도덕
수업 효과:자아 존중감 고취, 목표와 도전 의식을 심어 준다.

학생들이 종이에 자신의 꿈과 꿈을 이루기 위한 다짐과 실천 사항 들을 그리고 적는다. 적은 종이를 하늘로 높이 날려 보낼 것이기 때문에, 학생들은 자신이 간직할 종이를 한 장 더 작성 해도 좋다. 작성 완료 후, 학생들은 종이비행기를 접는다.

교사는 풍선에 헬륨을 주입하고 묶은 후 풍선에 끈을 매달아 둔다. 학생들은 헬륨 풍선에 연결된 끈과 자신의 종이비행기를 고정시킨 후 풍선이 날아가지 않게 끈을 잡고 있는다.

모든 학생들이 이와 같은 과정을 모두 마치면, 교사는 "여러분들이 적은 이 꿈과 다짐 들이 세상을 향해 날아오르기 시작할 것입니다. 이제 종이비행기에 적힌 내용들을 하늘과 약속하는 것이고 많은 사람들이 바라볼 것입니다. 하나 둘 셋 하면, 자신의 이름과 파이팅을 외치며 풍선을 날리겠습니다. 하나 둘 셋!" 하면서 모두 가지고 있는 풍선을 날린다.

Tip

학년 초 또는 학기 초에 학생들이 목표를 가지고 공부할 수 있도록 하는 의미가 있는 활동으로 적합하다. 바람이 많이 부는 날에는 풍선을 나누어 주는 과정에서

놓치면 날아가게 되므로 주의해야 한다. 또한 꿈과 다짐을 적는 종이가 너무 크면 헬륨 풍선이 날아오르지 못하는 경우가 있으므로 A4 종이의 1/4~1/2 크기가 적당 하다.

■수신호 토론

시간:5분
준비물:신호등 팻말
적용 가능 과목:도덕, 사회, 국어
수업 효과:자신의 입장을 정리하고 이에 적절한 이유를
　　　　　생각해 보게 하는 기회를 제공한다.

교사가 수업을 진행하다가 논쟁의 여지가 있는 문제를 놓고 학생들의 전체 의견을 살필 수 있는 방법이다. 예를 들어, '전자 교과서는 학생들의 학습에 많은 도움을 줄 것이다.'라는 문제를 제시한다. 학생들은 문제에 대해 찬성하면 손바닥을 펴고, 반대 하면 주먹을 쥔다. 중립적 입장이면 검지와 중지, 두 손가락으로 'V'를 그린다. 그러면 교사는 찬성 측의 이야기, 반대 측의 이야기를 들어 보며 토론을 이어 간다. 학생들은 중간에 입장 변화가 가능하다. 그리고 어느 정도 토론이 이루어진 후 좋은 해결 방법에 대한 아이디어를 공유한 후 마치도록 한다.

■ 팀 구성의 아이디어

시간 : 10분
적용 가능 과목 : 전 교과
수업 효과 : 모둠 구성을 게임을 통해 정함으로써 모둠
　　　　　구성에 대한 갈등, 오해가 사라진다.

매번 분단별 또는 모둠별로 팀을 구성하는 것에서 벗어나 다른 방법으로 팀원을 구성한다면 학생들은 새로운 분위기에서 게임과 활동에 참여할 수 있을 것이다.

1. 혈액형

A형, B형, O형, AB형으로 나누어 줄을 세운다. 그리고 교사는 인원수를 조정하도록 한다. 운 좋게 인원수가 정확히 맞는 경우도 있지만, 그렇지 않은 경우가 많다. 따라서 인원수를 정확히 나누어야 하는 상황에서는 혈액형에 따른 팀 구성은 한계가 있다.

2. 가위바위보

학생들은 자신과 성별이 같고, 신체 사이즈가 비슷한 학생과 가위바위보를 한다. 그리고 교사는 이긴 쪽과 진 쪽으로 나누어 줄을 세우면 된다. 이는 정확하게 인원수를 나누어야 하는 경우 활용이 가능하다.

3. 특성과 기호에 따라

좋아하는 계절, 안경을 착용한 학생과 하지 않은 학생, 태어난 달이 짝수인 사람과 홀수인 사람, 태어난 계절 등등의 기준을 정해 팀을 정할 수 있다. 이는 정확하게 팀 인원이 양분되지 않기 때문에 이후 교사의 조정이 약간 필요하다.

4. 출석 번호 홀수와 짝수

인원수를 정확히 나눌 수 있고 또한 남녀 학생 수도 정확하게 배분이 가능하다.

■ 매서운 눈!

시간 : 10~20분
준비물 : 사진 몇 장, 종이, 필기도구
적용 가능 과목 : 과학, 사회, 실과
수업 효과 : 주의 집중, 관찰력 향상 효과가 있다.

교사는 화면에 그림을 1~2초간 아주 짧게 보여 준다. 학생들은 모둠원들끼리 협력해서 그림에 대해 파악하는 것이다. 예를 들어, 12층짜리 건물 사진을 짧게 보여 주고, 학생들에게 몇 층짜리 건물이었는지 또는 9~10명 정도 사람들이 있는 사진을 제시해 놓고 몇 명이 있었는지 등을 맞히게 하는 것이다. 여러 종류의 동물들을 제시해 놓고, 있는 동물의 이름을 모두 맞히게

하는 것도 좋다. 모둠 학생들은 전략 회의를 거쳐, 각자의 미션을 가지고 게임에 참여해야 한다.

추가 게임

비슷한 그림 두 개를 두고 왼쪽 그림과 오른쪽 그림의 차이점을 찾아내는 것이다. 교사는 짧은 시간 동안 화면을 보여 주고 학생들이 협동해서 차이점을 찾도록 한다. 게임 시작 전 전략 회의 시간을 잠시 주는 것이 좋다.

■ 숫자의 의미-창의력 게임

시간 : 15~20분
준비물 : 종이, 필기도구
적용 가능 과목 : 과학, 사회, 국어
수업 효과 : 자신이 가진 모든 지식을 총동원하여 전방위
        적 사고를 가능하게 한다.

몸 풀기 퀴즈로 산토끼의 반대말을 세 가지 이상 말하게 한다. (죽은 토끼, 바다토끼, 끼토산, 염기성 토끼) 이어서 숫자가 의미하는 것을 말하게 한다. 예를 들어, '7의 경우-일주일은 7일, 24의 경우-24시간'이라고 답하게 한다. 숫자가 가진 절대적인 의미를 말하게 하는 것이다. 그리고 교사는 모둠을 조직하고 모둠별로 숫자가 가진 의미를 찾게 한다.

9-야구 이닝 수, 4-자동차 바퀴 수, 10-손가락, 발가락 개수, 1000-아라비안나이트 천 명의 도적, 18-태극기의 괘수, 6-대륙의 개수, 21-한글 모음의 개수, 11-축구 경기에서 한 팀 선수의 수 등등

이와 같이 숫자의 의미를 파악해서 많은 정답을 맞힌 모둠이 승리하게 된다.

■ 마지막 음성 메시지

시간 : 30분
준비물 : 상황 관련 사진 또는 소품, 종이, 연필
적용 가능 과목 : 도덕, 사회, 국어
수업 효과 : 상황에 따른 감정이입, 자기 성찰과 행동 수
          정에 효과가 있다.

대구 지하철 참사 사건을 모두 기억할 것이다. 교사는 아이들에게 참사 사건 중에 있었던 실제 이야기를 들려준다.

2003년 2월 18일 아침, 대구에 살고 있는 태훈이는 아침에 엄마랑 심하게 싸웠어요. 학교 친구들은 모두 최신 핸드폰을 들고 다니는데, 자신은 오래된 낡은 핸드폰을 들고 다니는 것이 못마땅한 것이었죠.

"태훈아 조금만 참아. 엄마가 꼭 태훈이에게 멋진 핸드폰 사 줄게."

"맨날 조금만, 조금만 기다려라 아휴, 지겨워 죽겠네."

태훈이는 엄마에게 크게 화를 내고 학교로 향했어요. 사실 엄마는 마트에서 계산원으로 일하고 있었고, 다음 달 월급을 타면 태훈이 핸드폰을 사 주려고 마음먹고 있었어요.

엄마는 태훈이가 화를 내며 등교한 것이 마음에 걸렸지만, 서둘러 마트로 출근하기 위해 지하철을 탔어요. 태훈이 집에서 엄마의 직장인 마트까지는 지하철로 50분 정도 떨어

져 있었죠. 엄마는 지하철을 타고 피곤한지 꾸벅꾸벅 졸고 있었어요. 그런데 30분쯤 후 사람들의 비명에 엄마는 잠을 깼어요.

"무슨 일이에요?"

사람들은 울부짖으며 살려 달라고 소리치고 있었어요. 중앙로역에서 누군가의 방화로 인해 태훈이 엄마가 타고 있던 지하철에 불이 옮겨 붙었던 것이었어요. 사람들은 지하철 문을 열어 객실에서 탈출하려고 안간힘을 써 보았지만 역부족이었어요. 그때 당시는 지하철 문을 객실 안에서는 열 수 없었어요. 그리고 문을 열 수 있는 기관사도 화재를 감지하고 도망가 버린 것이었어요.

객실 안은 아수라장이 되었고, 사람들에게 남은 시간은 길어야 3분 정도였어요. 태훈이 엄마는 심각한 상황을 받아들이고, 태훈이에게 전화를 합니다.

"뚜우- 뚜우-"

그러나 태훈이는 아침에 엄마와 다투고 온 마음이 추슬러지지 않아 엄마 전화를 받지 않았어요. 태훈이 엄마는 태훈이 핸드폰에 마지막 음성 메시지를 남깁니다.

"사랑하는 태훈아. 엄마가 태훈이가 원하는 핸드폰을 사주지 못한 것이 너무 후회가 되는구나. 우리 다음 세상에서 다시 만나면 엄마가 태훈이가 원하는 것을 언제든 채워 주는 멋진 엄마가 될게. 태훈아 엄마가 없어도 건강하고 행복해야 한다. 하늘에서 엄마가 우리 태훈이 항상 지켜보고 있을게. 사랑한다 태훈아."

이 음성 메시지를 남기고 태훈이 엄마는 세상을 떠났습니다. 대구 지하철 화재의 피해자 가운데 엄마가 있다는 사실을 안 태훈이는 망연자실하며 통곡을 합니다. 그리고 엄마의 마지막 메시지를 듣고, 한없이 눈물을 흘리며 엄마에게 편지를 씁니다. 태훈이는 엄마에게 어떤 편지를 쓸까요? 조용히 혼자 생각하고 글을 써 보도록 하겠습니다.

교사는 학생들에게 이야기를 들려줄 때, 대구 지하철 참사의 실제 상황 사진을 보여 주면서 이야기를 진행한다면 더욱 생생한 스토리텔링이 될 것이다. 이야기를 듣고 편지를 쓸 때, 학생들에게 조용한 음악을 들려주면서 적절한 분위기를 연출하는 것도 좋다. 학생들의 글쓰기가 끝난 후, 모둠별로 서로의 느낌을 공유하고 편지를 돌려 읽는 활동을 하면 된다. 그리고 몇몇 학생의 발표를 들으면서 활동을 마친다.

제2장
교우 관계 개선 게임+심성 놀이

■ 마사지 게임

시간:5분
적용 가능 과목:전 교과
수업 효과:마음을 열고 긴장을 해소하는 분위기 형성에
좋다.

게임을 시작할 때 분위기 조성 게임으로 적합하다. 옆에 있는 사람과 자연스럽게 친해지고 마음을 여는 데 좋다.

1. 자동차로 마사지

1. 모두 전체 왼쪽을 바라보시고 앞에 있는 사람 피곤이 풀리도록 어깨를 주물러 주도록 하겠습니다.

2. (진행자는 자신의 목 부위를 가리키며) 정육점에 가면 이곳을 목살이라고 하죠. 목살 부위를 주물러 주겠습니다. 하나, 둘, 셋, 넷, 다섯, 여섯, 일곱, 여덟, 둘둘 셋, 넷……

3. (진행자는 자신의 등을 가리키며) 이곳은 뭐라고 하죠? 네, 등심이라고 하죠 등심 부위는 툭툭 쳐 주도록 하겠습니다. 하나, 둘, 셋, 넷, 다섯, 여섯, 일곱, 여덟, 둘둘 셋, 넷……

4. 우리가 두드리는 손이 자동차 바퀴라고 생각하면서 속도 조절을 해 보겠습니다. 10킬로미터, 10킬로미터면 천천히 두들겨야 되겠죠. 20킬로미터, 30킬로미터……, 제

가 브레이크 하면 양손으로 앞사람 옆구리를 쑤시면 됩니다. 70킬로미터, 80킬로미터. 브레이크!

5. 이제 반대로 가겠습니다. 모두 왼쪽을 바라보고 앞에 있는 사람을 주물러 주겠습니다. 먼저 목심부터 하나, 둘, 셋, 넷, 다섯, 여섯, 일곱, 여덟, 둘둘 셋, 넷……. 자 이제, 등심 갑니다. 10킬로미터, 20킬로미터, 고속도로 진입합니다. 70킬로미터, 80킬로미터 브레이크!

2. 동요 부르며 마사지

싱글싱글 싱글싱글 벙글벙글 벙글벙글 우리 모두 인사해요. "안녕하세요." 싱글싱글 싱글싱글 벙글벙글 벙글벙글 우리 모두 악수해요. "반갑습니다." 싱글~ 벙글~ 싱글 벙글해 랄랄랄라…….

이처럼 노래를 부르며 옆 사람과 마사지 게임을 하는데 "싱글" 하면 왼쪽 사람 어깨를 주무르고, "벙글" 하면 오른쪽 사람

어깨를 주무른다. 그런데 중요한 것은 노래를 부르는 중간에 교사가 "꽥!" 하고 외치면 자리에서 재빨리 일어나야 한다. 늦게 일어나는 사람 또는 안 일어난 사람은 앞으로 나와 벌칙을 받게 된다. 학생들이 일어나 있는 상태라면 다시 한 번 노래를 부르다가 교사가 "꽥!" 하고 다시 외치면 자리에 앉으면 된다.

■ 도미노 프로그램

시간:80분
준비물:도미노 도구, 완성하려는 사진
적용 가능 과목:창의적 체험 활동
수업 효과:협동력, 문제 해결 능력, 팀워크 상승 효과가
         있다.

학생들의 협동력, 집중력, 팀워크 상승 등에 효과적인 프로그램이다. 학생들 전체가 어떠한 문구 또는 그림을 모두가 협력해서 완성할지를 정한다. 보통 글자 완성이 학생들에게 비교적 쉽다. 따라서 분단의 수를 고려해 세 글자 또는 네 글자의 문구를 정하고 각 분단별로 한 글자씩 맡아 미션을 수행하게 한다.

예시

죽마고우, 동고동락, 최강울반 등.

도미노를 세우기 전에 모든 모둠에서 가로, 세로의 정확한 도미노 크기를 정하도록 한다. 가로, 세로 길이가 동일하면 더욱 보기 좋을 것이다. 그런데 완성된 글자 크기까지 동일하게 맞추기는 쉽지 않기 때문에 재량껏, 하지만 되도록 크게 제작하도록 안내한다.

학생들은 먼저 줄자와 분필을 이용해 도미노의 크기를 표시한다. 그리고 자와 분필을 이용해 글자를 표시하도록 한다. 그리고 글자의 안쪽부터 도미노를 세워 나가면 된다. 이때 중간

중간에 도미노가 넘어져서 처음부터 다시 작업을 해야 하는 경우가 많다. 따라서 도미노 작업이 어느 정도 이루어졌을 때 상자, 벽돌 등의 도구를 이용해 칸막이를 세워 두면 작은 실수로 인해 전체 도미노가 넘어가는 것을 방지할 수 있다. 각 분단별로 모든 글자가 완성이 되면 디지털카메라로 촬영을 해 두도록 한다.

Tip

1. 글자와 글자 사이에 도미노를 연결해 두면 마지막에 연속성 있게 도미노 작품이 완성될 것이다.

2. 분단의 인원이 너무 많다면 글자 수를 많게 하고, 각각의 글자 사이즈를 줄이면 된다. (예, 진인사 대천명, 유지자 사경성 등)

■ 교제 빙고 프로그램

시간 : 40분
준비물 : 종이, 필기도구
적용 가능 과목 : 도덕
수업 효과 : 서로의 관심사, 고민, 꿈 등에 대하여 이야기
하며 서로 깊이 알아 가는 데 효과적이다.

　빙고 게임은 누구나 알고, 쉽게 참여할 수 있는 게임이다. 따라서 기존의 숫자 빙고 게임을 변형하여 '정보 전달 활동 information gap activity'으로 활용하기에 용이하다. 즉 상대방의 꿈이나 비전을 물어보고, 상대방을 칭찬하고, 상대방에 대한 정보를 적는 등의 활동으로 진행할 수 있다. 빙고 게임을 이용하여 비전 프로그램, 칭찬 프로그램 등을 게임 형식으로 진행하기에 적합하다.

1. 참여한 인원수를 고려하여 빙고 카드를 만든다.
2. 참여자들은 자리에서 일어나 돌아다니며 임의로 빙고 대상자를 정한다. 그리고 각 빈칸에 빙고 대상자에 대한 정보를 적는다. 예를 들어 빈칸이 25칸 있다면 빙고 대상자 스물다섯 명을 자유롭게 만나고 그들에게 해당 정보를 묻고 기록하면 된다.
3. 빈 25칸 각각에는 빙고 대상자에 대한 정보를 적는다.
　첫째, 빙고 대상자의 이름.
　둘째, 그 사람의 꿈, 비전.

셋째, 빙고 대상자가 가장 잘하는 특기.

넷째, 빙고 카드를 작성하는 사람이 생각하는 빙고 대상자의 장점, 칭찬할 점 등을 적으면 된다.

(영어 수업 시간에 활용한다면, 수업 시간에 배운 주요 표현 예:"What sports do you like?"를 여러 친구들에게 물으면서 반복 학습을 할 수 있다. 그리고 친구가 좋아하는 운동을 빙고 카드에 적으면 된다.)

4. 빙고 카드를 완성하면 자리로 돌아와 앉는다.

5. 진행자는 임의로 한 명을 부른다. 진행자의 선택을 받은 사람은 자신의 빙고 카드에 적힌 사람들 중에서 한 사람을 선택해서 앉아 있는 사람들에게 소개를 해 준다. 이때 이름은 맨 마지막에 이야기해 주면 사람들의 집중력을 높일 수 있다.

예) 제가 생각하는 이 사람의 장점은 사람들을 늘 밝은 얼굴로 대해 주는 것입니다. 이 사람의 꿈은 파일럿이고 제일 잘하는 것은 축구입니다. 그 사람은 바로 ○○○입니다.

6. 소개받은 사람은 나와서 같은 방법으로 자신의 빙고 카드 가운데 한 명을 소개하면 된다.

7. 게임의 승리 조건은 숫자 빙고 게임과 다르다.

가로 1줄, 세로 1줄, 대각선 1줄 등을 완성해서 빙고가 되는 것이 아니다. 참여자의 빙고 카드에 앞에서 소개하는 사람이 없는 경우가 많다. 따라서 방향과 순서에 상관없이 빙고 카드에서 대여섯 명을 체크하는 경우 승리자가 된다.

이는 인원수를 고려하여 적절히 조절하면 된다.

TIP

첫째, 교제 빙고 프로그램을 진행하기 전에 빙고 노래를 함께 부르면서 분위기를 전환하는 것도 좋다.

둘째, 빙고 승자가 한 명 나왔다고 해서 게임을 끝내는 것이 아니라 대여섯 명 정도 나온 후 게임을 정리하면 좋다. 그리고 간단한 상품도 준비하면 금상첨화다.

셋째, 빙고 게임 진행 중에는 조용하면서도 경쾌한 연주곡을 틀어 놓으면 분위기가 좋아진다.

넷째, 마지막에 게임을 모두 마친 후, 빙고 카드 종이를 잘 접어서 친구에게 안부 전화를 할 때 유용하다는 것을 알려 주고 버리지 않도록 유도한다.

다섯째, 전체적인 진행 시간이 지나치게 길어지지 않도록 적절히 진행한다. 일반적으로 50분 이상 진행되지 않도록 한다.

■ 마니또 프로그램(비밀 친구 프로그램)

시간 : 1~2주
준비물 : 마니또 상자, 종이, 필기도구
적용 가능 과목 : 도덕
수업 효과 : 서로서로 도와주는 학급 분위기 형성, 교우 관계 개선에 효과가 있다.

다른 사람을 도와주며 느낄 수 있는 즐거움, 그리고 비밀 친구가 날 도와주고 있다는 설렘이 교차하는 마니또 프로그램이다. 교우 관계를 돈독하게 하며, 반복되는 일상 가운데 활력소가 될 프로그램이다.

1. 학생들에게 쪽지를 일 인당 한 장씩 나누어 준다.
2. 쪽지에 자신의 이름, 받고 싶은 선물, 자신의 마니또가 되어 줄 친구에게 하고 싶은 말을 적도록 한다.
   (좋아하는 과목, 취미, 스포츠, 관심 있는 분야 등 내용에 제한은 없다.)
3. 학생은 자신이 작성한 쪽지를 접고, 교사는 학생들의 쪽지를 모두 걷는다. 그런데 쪽지를 수거할 때, 여학생 쪽지와 남학생 쪽지를 나누어서 걷도록 한다.
4. 여학생은 남학생의 쪽지함에서 한 장을 뽑고, 남학생은 여학생의 쪽지함에서 한 장을 뽑도록 한다.
5. 학생들은 자신이 뽑은 쪽지에 적힌 사람에게 교사가 정한 시일까지 마니또로서 활동을 하면 된다.

*마니또 프로그램에서 가장 중요한 것은 마니또를 공개하는 시점까지 자신의 마니또에게 비밀 친구로서 즐거움과 행복을 주는 것이다. 친구들끼리 서로 쪽지를 돌려 보거나 친한 친구끼리 서로 이야기하지 않도록 당부하도록 한다.

*편지 한 통을 쓰도록 한다.(편지는 워드 작업을 해서 전달하도록 한다. 손글씨로 쓸 경우 글씨체로 인해 마니또의 정체가 밝혀질 수 있기 때문이다.)

*2,000~3,000원 가격 상한선을 정하고 마니또에게 선물을 하도록 한다.(편지나 선물을 할 때는 자신을 밝히지 않아야 하며, 마니또의 이름은 겉면에 적어 두어야 물건이 전달될 것이다.)

*가장 중요한 활동은 마니또가 알지 못하게 선한 활동을 하도록 하는 것이다.(마니또가 자리를 비운 사이 간식 챙겨 놓기, 책상 주변 쓰레기 줍기, 당번활동 도와주기 등.)

6. 학생들은 자신의 마니또를 위해 최소 세 가지 이상 활동을 한다.

7. 교사는 ○월 ○일까지 마니또 활동을 할 것이라고 알려 준다.(보통 일주일~열흘.)

8. 마니또 발표일에 반장부터(순서 상관없음) 자신이 마니또

활동에 관해 20초 이내로 짧게 이야기하고 마니또를 공개한다. 이후, 소개된 마니또는 멋진 활동을 해 준 친구에게 감사의 인사를 짧게 하고 이어서 자신의 마니또를 공개한다. 이처럼 반 전체의 마니또가 모두 공개되도록 한다.

9. 마지막으로 자신을 도와준 마니또가 위의 세 가지 활동을 포함해 정성을 다해 활동을 했다면 학생들의 추천을 받아 베스트 마니또로 선발해도 좋다.

TIP

1. 교실 뒤편에 마니또에게 전달될 편지, 선물 등을 넣을 수 있는 마니또 상자를 설치해 둔다. 그리고 이 상자는 학생들이 임의로 열어 보거나 구경할 수 없도록 한다.

2. 마니또 상자에 편지나 선물을 넣는 과정에서 자신의 마니또가 공개될 위험이 있으니 상자 주위에 가지 않도록 지도한다.

3. 마니또 상자의 편지와 선물은 교사가 일정한 시간에 배부하도록 한다.

■ 버킷 리스트

시간 : 30분
준비물 : 상황 관련 자료 사진, 종이, 필기도구, 영화
적용 가능 과목 : 도덕, 국어
수업 효과 : 자신의 삶의 목표, 시간의 중요성, 현재의 것
　　　　　들에 대한 감사함을 일깨워 준다.

버킷 리스트는 죽기 전에 꼭 하고 싶은 일들을 적은 것이다. 아이들이 현재의 시간을 더욱 의미 있게 보내고 소중하게 생각했으면 하는 바람으로 이 활동을 진행하면 좋겠다. 교사는 학생들에게 시한부 인생을 살아야 한다는 상황을 스토리텔링을 통해 제시한다.

상황 1

지구가 환경문제, 인구 문제 등으로 인해 일주일 후면 멸망한다고 합니다. 일주일 후면 지구의 모든 생물체는 흔적도 없이 사라집니다. 즉 모든 사람은 이제 이 땅에서 칠 일밖에 살지 못합니다. 일주일 남은 시간 여러분이 하고 싶은 일 다섯 가지를 쓰고 왜 하고 싶은지에 대해서도 자세히 써 봅시다.

상황 2

여러분이 병이 들어 병원을 찾았습니다. 각종 검사를 하고 의사와 상담을 하는데 의사가 말합니다.

"이제 길어야 한 달밖에 살지 못합니다. 삶을 정리하십시오."

집으로 돌아와 한 달이라는 시간 동안 무엇을 하며 살아야 할지 곰곰이 생각해 봅니다. 그리고 한 달 동안 가장 하고 싶은 일 다섯 가지를 적습니다. 여러분 앞에 놓인 종이에 가장 하고 싶은 일 다섯 가지와 그 이유에 대해 자세히 적어 봅니다.

상황 3

영화 〈버킷 리스트〉(2007)를 관람하고 느낀 점을 공유한 후 내 인생의 버킷 리스트는 무엇인지 생각하여 적어 봅니다.

학생들이 버킷 리스트 작성을 끝내면, 모둠 친구들과 버킷 리스트를 교환해 보고, 적으면서 느낌이 어떠했는지에 대해 이야기하는 시간을 가지도록 한다. 그 후 몇몇 학생의 발표를 들으며 활동을 마치면 된다.

■ 칭찬 프로그램

시간 : 20~30분
준비물 : 종이, 필기도구
적용 가능 과목 : 도덕, 국어
수업 효과 : 서로의 장점을 찾아보며 친구의 모습을 재발
견하는 계기가 된다.

1. 롤링 페이퍼 Rolling Paper

모든 학생이 8절지 정도의 큰 종이를 한 장씩 받고 자신의 이름을 적도록 한다. 그리고 종이를 정해진 경로를 따라 넘기는 것이다. 학생들은 넘겨받은 종이에 적힌 친구의 이름을 확인하고, 친구의 장점을 한두 가지 구체적으로 적도록 하는 것이다. 정해진 경로를 따라 종이가 최종적으로 돌게 되면 학생들

은 각자의 종이를 다시 돌려받게 된다.

2. 칭찬합시다

10~12명 정도의 인원으로 진행하면 좋다. 참여한 학생들이 서로의 얼굴을 볼 수 있도록 자리에 앉는다. 학생들이 마음을 열 수 있도록 옆 사람 어깨를 주물러 주거나, 369 게임 등으로 분위기 환기시킨다. 그런 후 교사는 이런 식으로 말한다.

"지금부터 한 명씩 서로를 칭찬하는 시간을 가져 보도록 합시다. 먼저 게임에서 벌칙을 받은 준우부터 해 볼게요. 준우는 자리에서 일어서 주세요. 그럼 내가 생각하는 준우의 장점을 생각나는 대로 이야기해 볼게요. 수업 시간에 진행된 토론에서 재활용 문제에 대해 조리 있게 발표를 하는 모습을 보았습니다. 준우는 말을 또박또박 논리적으로 잘합니다. 이와 같이 구체적으로 발표해 볼게요."

학생들의 발표가 이어지고 난 후 이렇게 말한다.

"친구가 더욱 발전하기 위해 여러분들이 충고를 해 줄 수 있어야 해요. 친구로서 준우의 모습을 보고 아쉬웠던 점, 고쳤으면 하는 점이 있으면 이야기해 볼게요."

학생들의 진심 어린 충고가 끝난 후, 준우가 최종적으로 친구들에게 이야기를 하고, 다음 차례의 친구에 관한 칭찬과 충고가 이어진다. 마지막에는 모든 친구들이 자리에서 일어나 원의 형태를 만든 후 서로 악수하고 안으며 우정을 확인하는 시간을 가지면 훈훈한 분위기에서 프로그램을 마칠 수 있다.

1. 열세 명이 넘어가면 시간이 오래 걸리고, 지루해지는 경우가 많다. 따라서 열세 명 이상이 되지 않도록 인원 조정이 필요하다. 그리고 남학생, 여학생 나누어서 진행하는 것이 좋다.

2. 학생들의 '칭찬'이 조금 딱딱하다면, 내가 친구를 좋아하는 이유 또는 내가 그 친구에 대해서 알고 있는 장점에 대해 이야기를 해 보자고 해도 좋다.

3. 칭찬 샤워

둥글게 모여 앉은 후, 'A'학생에 대해 'B'학생이 칭찬한다.

B 진호(A학생)는 키도 크고 운동도 잘합니다.

C (앞 학생의 칭찬을 반복한 후 자신의 칭찬을 더한다.)

　진호는 키도 크고 운동도 잘하고 음식도 골고루 먹습니다.

D 진호는 키도 크도 운동도 잘하고 음식도 골고루 먹고 친절합니다.

이처럼 돌아가며 칭찬한다.

■특별한 숫자

시간 : 20분
준비물 : 종이, 필기도구
적용 가능 과목 : 창의적 체험 활동
수업 효과 : 친구에게 의미 있는 숫자가 무엇인지 알고 왜
의미 있는지 그 이유를 통해 친구를 더욱 깊
이 이해하고 알아 가게 되는 기회가 된다.

이 게임은 참여자들이 서로 잘 알지 못할 때 마음을 열고 서로 알아 가기 위한 게임이다. 진행자는 일 인당 20장 정도의 스티커, 참여자 숫자만큼의 A_4종이와 펜을 준비한다.

참여자는 종이 1장과 펜을 받고 종이를 세로로 한 번 접는다. 그리고 왼쪽에는 참여자 자신과 관련된 숫자 세 가지를 적도록 한다.

예시

230-신발 사이즈, 30-나이, 178-키, 5,000-현재 가지고 있는 돈, 102-우리 집 아파트 호수, 1154-내가 타고 다니는 버스 번호, 0.5-나의 시력, 9874-핸드폰 맨 뒷자리 번호, 4-내가 타고 다니는 지하철 호선, 1823-우리집 차 번호, 7-내가 사는 아파트 층, 25-허리둘레 사이즈, 73-몸무게 등등.

즉 왼쪽에는 자신과 관련된 숫자를 쓰고 오른쪽에는 반드시 자신과 특별한 사연이 있는 숫자를 쓰도록 한다.

그리고 참여자는 세로로 종이를 접고 다른 참여자에게 자신이 적은 숫자 세 가지를 보여 준다. 그런 후 다른 참여자가 세 가지 숫자 사연 중 한 가지를 맞히면 스티커를 얼굴 또는 손목 등에 붙여 주도록 한다. 진행자는 가장 많은 스티커를 가진 사람을 우승자로 선발한다. 게임이 모두 끝난 후, 참여자 몇 명을 지목해서 관련 내용을 들어 보면 즐거운 시간이 될 것이다.

Tip

숫자를 적을 때는 꼭 참여자 자신과 관련된 숫자이어야만 하고, 너무 어렵거나 추상적인 숫자는 적지 않도록 사전에 안내한다. 모든 게임이 끝난 후, 참여자 몇 명의 종이를 진행자가 들고, 참여자 종이에 적힌 숫자를 불러 주며 사연을 맞히도록 퀴즈를 낸다. 즉 게임에 더 집중하고 주의 깊게 들은 사람을 칭찬하는 데 또한 좋은 전략이다.

만약, 스티커가 없다면 1:1로 게임을 진행하다가 상대방이 세 가지 숫자 중 한 가지를 맞히면, 맞힌 사람의 종이 뒷면에 이름이나 사인을 해 주는 방법도 활용할 수 있다.

■ 진실 혹은 거짓(친구 편)

시간:15~30분
준비물:종이, 필기도구
적용 가능 과목:창의적 체험 활동
수업 효과:친구에 대해 더 많이 알게 되고 더욱 친해질
수 있는 기회를 제공한다.

교사는 모든 학생들에게 종이 한 장과 스티커 10장을 나누어 준다. 학생들은 종이에다 자신에 관한 특별한 사연 가운데 진실 네 가지와 거짓 한 가지를 포함해 다섯 가지의 내용을 쓴다. 예를 들어 1. 나의 첫사랑은 초등학교 3학년 때이다. 2. 내가 제일 좋아하는 동물은 악어이다. 3. 나는 항상 불을 켜고 잔다. 4. 하루에 껌 한 통을 씹는다. 5. 나는 혼자 해외여행을 한 적이 있다.

예시

1. 나는 유치원 때 친구와 병원 놀이를 하다가 응급실에 간 적이 있다.

2. 나는 버스를 타고 가다가 버스가 급정거를 하는 바람에 잡고 있던 손잡이를 뽑은 적이 있다.

3. 나는 원숭이 쇼를 관람하다 원숭이로부터 머리를 맞은 적이 있다.

4. 나는 4학년 때까지 오빠와 씨름을 했다.

이와 같이 내용 다섯 가지를 쓰고 자유롭게 교실을 돌아다니며 1:1로 친구를 만나 서로의 내용 가운데 '거짓'을 찾아내는 활동을 하는 것이다. 이때 거짓을 맞히는 친구에게 자신의 스티커를 한 장 준다면, 열심히 적극적으로 활동한 친구는 스티커를 많이 가지게 될 것이다. 활동이 끝나면, 교사는 재미있고 특별한 사연이 있는 친구들의 이야기를 들어 보는 시간을 가져도 좋다.

Tip

'거짓'을 찾는 것이 주된 활동이었다면, 반대로 '진실'을 찾는 것을 주된 활동으로 해도 좋다.

■ 나쁜 습관아 가라!

시간 : 15분
준비물 : 송판, 종이, 필기도구
적용 가능 과목 : 도덕, 국어
수업 효과 : 자신의 생활 습관을 뒤돌아보고 잘못된 습
         관은 이제 떨치겠다는 상징적인 활동이다.

자기 혁신을 위한 활동이다. 학기 초 활동이나 수련회 프로 그램으로 적당하다. 학생들은 종이에다 자신이 꼭 버리고 싶은 습관, 좋지 않은 행동 습관, 그리고 입에 담고 싶은 않은 말 등 스스로 잊어버리고 싶은 자신의 모습에 대해 솔직하게 기록한 다. 그런 후 종이를 마구 구긴 후, "나에게서 떠나라!"라고 외치 며 종이를 불 속에 집어 던지는 것이다. 만약 불이 준비가 되지 않으면, 종이 대신 송판에 자신의 허물과 좋지 않은 습관, 모습 등을 쓰고 "나쁜 습관아 가라!" 하면서 송판을 부수는 활동도 좋다.

■ 친구 광고하기

시간 : 60분
준비물 : 색연필, 사인펜, 종이, 추첨함
적용 가능 과목 : 도덕, 미술
수업 효과 : 교우 관계 개선에 효과가 있다.

참여한 모든 친구들이 교사가 나누어 준 A4 종이에 자신의 이름을 쓰고, 장점과 단점을 쓴다. 진솔하게 작성한 후, A4 종이를 접는다. 교사는 종이를 상자에 모아 집어넣고, 학생들이 한 명씩 나와 종이를 추첨하도록 한다. 학생들은 자신이 추첨한 종이를 펼쳐, 자신이 광고할 친구에 대한 정보를 확인한다. 종이에 적힌 내용과 자신이 생각하는 친구의 장점을 부각시켜, 8절지 종이에 광고 포스터를 작성하도록 한다. 8절지 윗부분에

는 친구의 특징과 장점을 나타낼 수 있는 것을, 아랫부분에는 장점에 대해 쓰도록 한다.

친구 광고 포스터의 밑그림을 그리고 색칠할 수 있도록 충분한 시간을 주고 완성하도록 한다. 그리고 한 명씩 나와서 친구에 대해 멋지게 광고를 한다. 광고가 끝난 후, 벽면에 붙여 전시한다.

학생들의 교우 관계를 돈독히 하며, 학급 분위기를 더욱 부드럽게 하는 데 유용한 프로그램이다.

■ 싫어하는 것 떨쳐 버리기

시간:30분
준비물:종이, 필기도구, 샌드백 또는 베개
적용 가능 과목:도덕, 국어
수업 효과:친구의 입장, 마음 상태를 이해하는 기회가
된다.

*따돌림이나 왕따를 경험한 학생들, 또는 마음에 상처가 깊은 학생들을 대상
으로 한 프로그램이며 아래 내용은 2012년 7월 2일 조선일보에 소개된 '똑
똑! 상담실. 서울시 교육청 방승호 장학관님의 행복발전소(cafe.naver.com/
ssem2)'의 프로그램을 참조하여 만들었다.

학생들은 종이와 펜을 준비하고 둥글게 원을 만들어 앉는다.
그리고 서로 자신이 가장 듣고 싶어 하는 말 열 가지, 가장 듣
기 싫어하는 말 열 가지를 골라 적는다. 작성이 끝나면 서로서
로 자신이 적은 내용을 발표한다. 그리고 왜 그러한 말을 듣고
싶은지, 또는 듣기 싫은지, 어떠한 경우에 그러한 말을 듣게 되
는지 등에 대해 서로 이야기를 나눈다.

서로 이야기가 끝나면 학생들을 두 줄로 세운다. 그리고 한
학생이 두 줄 사이로 지나가게 한다. 두 줄로 서 있는 학생들은
지나가는 학생이 가장 듣기 싫어하는 말을 하는데, 손을 사용
하는 등의 액션을 취해서는 안 된다. 또한 지나가는 학생은 두
눈을 감고 고개를 떨군 채 걸어가야 한다. 이때, 소리를 지르거
나 울거나 준비된 샌드백을 치는 것은 허용한다.

활동이 끝나고 학생들은 자신의 소감을 발표한다. 이어서 같

은 방법으로 자신이 듣고 싶어 하는 말을 하는데, 한 명씩 눈을 마주치며 이야기하고 안아 준다. 즉 한 학생이 "너는 좋은 친구야."라고 눈을 맞추며 이야기를 하고 안아 주고, 다음 친구가 멘트를 하고 안아 주는 것이다.

이 프로그램을 통해, 자신의 마음 한구석의 상처를 꺼내 놓음으로써 위로받고, 치유받는 시간이 됨을 느낄 수 있다.

■ Who are you!

시간 : 30분
준비물 : 종이, 필기도구, 추첨함
적용 가능 과목 : 창의적 체험 활동, 도덕
수업 효과 : 교우 관계 개선 효과, 친구를 깊이 이해하고
알아 가는 기회를 제공한다.

아이들이 친구들에 대해 좀 더 알기 위해 만든 프로그램이다. 30문 30답을 모든 학생들이 성실하게 작성하도록 한다.

이름, 별명, 신체적 콤플렉스, 혈액형, 20년 후에 무엇을 하고 있을까, 거울을 본 후 자신의 생각, 가장 좋아하는 음식, 자신의 장점, 자신의 단점, 가장 행복했을 때, 가장 감명 깊게 읽은 책, 가장 감동 깊은 영화, 좋아하는 음악, 시간이 남으면 주로 하는 것, 나만의 특기, 내가 제일 좋아하는 노래, 아침에 일어나자마자 하는 일, 일주일의 자유 시간이 주어진다면 무엇을 하고 싶은가? 지금 어느 누구를 한 명 만날 수 있다면, 누구를 만나고 싶고 왜 만나고 싶은가? 만약 어느 방에 들어갔는데 많이 지저분하다면 어떻게 하겠는가? 좋아하는 사람이 있다면 어떻게 하겠는가? 로또 복권에 당첨이 되었다면 돈을 어떻게 쓰겠는가? 타임머신이 있어 시간을 되돌릴 수 있다면 언제로, 왜 돌아가겠는가?

학생들이 작성을 모두 끝나면 종이를 접게 한 후 걷도록 한다. 그리고 교사가 종이 한 장을 뽑아 내용을 읽어 주고, 학생들은 종이의 주인공을 찾는 것이다. 이때, 교사는 이름과 별명부터 이야기하는 것이 아니라 위에 있는 예제 질문에서 마지막 부분에 있는 질문의 답부터 이야기해 준다. 다시 말해 학생이 누구인지 알 수 있는 직접적인 힌트는 마지막 부분에 제시하는 것이다. 그리고 학생들은 오직 한 번만 정답을 이야기할 수 있다.

　가장 중요한 역할을 해 주어야 할 사람은 종이의 주인공 당사자이다. 설명을 듣고 자신임을 알아챈 후에는 '연기'를 시작한다. 마치 자기가 아닌 것처럼 말이다.

제3장
학습 내용과 접목한 게임

■ 단어 완성 게임

시간:5분
준비물:칠판, 분필
적용 가능 과목:영어, 한자, 국어, 사회, 도덕
수업 효과:공부한 내용을 과목의 경계를 넘어 생각해
          볼 수 있는 기회를 제공한다.

1. 영단어

교사는 학생들에게 영어 단어의 철자 순서를 무작위로 섞어서 제시한다.

예시

"two dogs"의 경우 철자를 뒤섞어서 "dsgowot"와 같이 제시하도록 한다.

저학년이라면 10자 내의 단어를 제시하고 고학년이라면 10자 이상의 단어를 제시하면 된다.

2. 속담

교사는 속담을 음절을 뒤섞어서 제시한다.

예시

"천 리 길도 한 걸음부터." → "음터부걸한리도길천" 또는 음절을 섞지 않고 각 음절의 초성만을 제시하는 것도 방법이다.

"천 리 길도 한 걸음부터"→"ㅊㄹㄱㄷ ㅎ ㄱㅇㅂㅌ"

3. 고사성어

교사가 한 글자를 뺀 고사성어와 그 뜻을 함께 제시한 후, 학생들이 빠진 글자를 맞히는 것이다.

예시

"塞翁之?" - 인생에서 길흉화복은 항상 바뀌어 미리 헤아릴 수가 없다는 뜻. 학생들은 빈칸에 들어갈 한자 "馬"를 맞히는 것이다. 만약 저학년이라면 한자의 음을 다음과 같이 함께 제시해 주면 좋다. "塞翁之?(새옹지?)"

■ 트위스트 게임

시간 : 15~20분
준비물 : 추첨함, 알파벳을 적은 대형 종이
적용 가능 과목 : 영어
수업 효과 : 학습 흥미, 동기 부여에 효과가 있다.

그림과 같이 A~L까지 적힌 글자판을 준비하도록 한다. 참가 학생의 키를 고려하여 글자판을 제작하여 게임을 진행한다. 교사는 A~L까지 적힌 추첨 카드를 준비한다. 각 팀에서 추첨자 한 명, 선수 한 명씩을 선발하고 추첨자는 추첨 카드를 뽑고, 선수는 글자판에서 해당하는 문자에 손이나 발을 올려놓는다. 예를 들어, 처음으로 추첨자가 추첨 카드 D를 뽑았다면 선수는 D에 왼발을 올려놓고, 다음으로 추첨자가 B를 뽑았다면 선수는 오른발을 올려놓는다. 이어서 추첨자가 F를 뽑았다면 선수는 왼손으로 글자판에서 F를 짚는다. 그리고 마지막으로 추첨자가 K를 뽑았다면 오른손으로 글자판을 짚으면 성공하게 되는 것이다.

선수는 왼손, 오른손, 왼발, 오른발만 글자판에 닿을 수 있다. 그 외의 신체 부위가 글자판에 닿으면 탈락하게 된다. 글자판에 신체 부위가 닿을 때 왼손, 오른손, 왼발, 오른발의 순서는 상관없다. 참여하는 선수가 생각해서 자신이 편한 순서로 글자판에 닿으면 된다. 그러나 한 번 글자판에 닿으면 다시 정정할 수 없다.

Tip

저학년이라면 1~6까지 숫자를 적어 놓고, 주사위를 던져 나오는 숫자에 몸을 닿는 것으로 진행해도 좋다. 수업 시간에 소개된 주요 단어, 핵심 개념 등을 숫자 대신 넣어 학습 정리 퀴즈와 게임을 접목해서 진행해도 좋다.

글자판, 숫자판을 준비하지 못했다면 바닥에 수성 사인펜으로 그어서, 전기 테이프를 이용해 붙여서 활용할 수 있다.

■무슨 글씨일까?

시간:10분
준비물:칠판, 분필
적용 가능 과목:전 교과
수업 효과:교과 관련 단어를 제시하여 게임적 요소와
　　　　　학습적 요소를 모두 기대할 수 있다.

　각 팀에서 한 명씩 나와서 칠판에 교사가 제시한 단어를 왼
손으로 쓴다. 첫 번째 학생이 쓴 문제를 나머지 친구들이 맞히
면 이어서 정해진 순서에 따라 다음 친구가 칠판 쪽으로 나와
교사가 제시한 단어를 왼손으로 쓰면 된다. 교사는 처음에는
한글, 다음에는 영어, 간단한 한자, 국기 등을 문제로 제시한다.

 왼손잡이 학생이 있는지 사전에 조사한 후, 왼손잡이 학생의 경우 반드시 오른 손으로 쓰도록 규칙을 정하도록 한다.

 왼손으로 게임을 진행했다면, 입으로 글씨 쓰기, 발로 글씨 쓰기 등으로도 게임을 할 수 있다.

■ 서로서로 또래 교사

시간: 20~30분
준비물: 학습 자료
적용 가능 과목: 전 교과
수업 효과: 학습 내용을 가장 효과적이고 오랫동안 기억
할 수 있는 방법인 '설명하기'를 적용한 활동
이다.

Jigsaw와 퀴즈를 활용한 게임이다. 예를 들어, 여섯 명으로 구성된 모둠에서 교사는 각 학생에게 번호를 부여한다. 그리고 각 모둠의 1번 학생끼리, 2번 학생끼리, 3번 학생끼리 각각 모이도록 한다. 그리고 교사는 같은 번호끼리 모인 학생들에게 각각 다른 학습 내용을 제시한다. 예시는 다음과 같다.

1번 학생 그룹에는 조선 시대의 과거제도, 2번 학생 그룹에는 조선 시대의 생활, 3번 학생 그룹에는 조선 시대의 신분제도, 4번 학생 그룹에는 조선 시대의 왜적의 침략, 5번 학생 그룹에는 조선 시대의 건국, 6번 학생에게는 조선 시대의 발명품에 대한 주제.

그러면 같은 번호끼리 모인 학생들끼리 교사가 제시한 자료를 이해하고 서로 질문하고 체크하며 내용을 정확히 파악하도록 한다. 이때 교사는 모둠별 질문 사항을 해결해 준다.

내용 정리가 끝나면 학생들은 원래 자신의 모둠으로 돌아가 서로의 내용에 대해 차근차근 차례대로 다른 친구들에게 설명

해 준다. 설명이 끝나면, 교사는 관련 문제를 퀴즈 형식으로 낸다. 이때 교사가 조선 시대의 과거제도에 대한 문제를 낼 경우, 1번 학생들은 반드시 침묵해야 한다.

Tip

이 게임은 시간을 충분히 두고, 2교시에 걸쳐 진행하는 것도 효과적이다.

■숫자를 맞혀라

시간 : 20분
준비물 : 셀로판지, 연습장, 필기도구
적용 가능 과목 : 수학
수업 효과 : 수학적 의사소통 능력, 문제 해결 능력, 협동
심 배양에 효과가 있다.

교사는 남학생 팀, 여학생 팀으로 나누고 학생들 가슴 쪽에 커다란 셀로판지에 숫자와 수학 기호를 적어 그림처럼 각각 붙여 준다. 어떤 친구는 1, 어떤 친구는 3, 어떤 친구는 5, 어떤 친구는 2, 어떤 친구는 X, 어떤 친구는 -, 어떤 친구는 +. 교사는 게임 시작과 함께 숫자가 적힌 게시판을 모든 학생들에게 보여 준다.

예를 들어, 교사가 12라는 숫자를 제시하면 각 팀 학생들은 자신의 가슴에 적힌 숫자, 사칙연산 등을 활용하여 교사가 제시한 12라는 숫자가 정답이 되도록 식을 만들어 차례로 서면 된다. 그리고 12라는 정답을 내는 데 필요 없는 숫자, 사칙연산을 가지고 있는 학생은 한쪽에 앉아 있으면 된다.

이 게임의 승패의 관건은 어느 팀이 더 많은 학생이 참여하는가 또는 어느 팀이 먼저 정확한 식을 만들어 정확히 서는가 등이다. 교사가 기준을 사전에 알리고 게임을 진행하면 된다.

Tip

학생들이 계산하고 움직일 수 있도록 각 팀의 조장을 선출해 종이 1장, 연필을

미리 제공하면 더욱 신속하게 경기에 참여할 수 있다.

교사는 사전에 수식을 세워 계산한 후 관련 숫자와 기호를 셀로판지에 써서 학생들에게 붙여 주면 된다.

■영양소 게임

시간 : 20~30분
준비물 : 영양소 식품 카드, 뿅망치
적용 가능 과목 : 실과
수업 효과 : 음식과 영양소의 관계를 게임을 통해 쉽게
이해할 수 있다.

1. 영양소 우노!

우노 카드 게임과 유사한 게임이다. 먼저 교사는 영양소 식품 카드를 준비한다.(식사권 5장, 외식권 15장, Back 2장, Jump 2장, One more 2장, 탄수화물 카드 10장, 지방 카드 10장, 단백질 카드 10장, 무기질 카드 10장, 비타민 카드 10장) 그리고 네댓 명이 한 조가 되어 게임에 참가한다.

먼저 가위바위보를 통해 1등을 정하고 1등은 영양소 카드를 잘 섞은 후 일 인당 7장씩 카드를 나누어 준다. 그리고 남은 카드는 중앙에 뒤집어 놓는다. 게임은 1등부터 진행한다. 1등은 아무 카드나 1장을 내어놓는다. 그러면 1등의 오른쪽에 있는 친구는 1등이 내어놓은 영양소와 같은 식품 카드를 내어놓는다.

만약 자신이 내어놓을 카드가 없다면 중앙에 뒤집어진 카드 한 장을 가져가면 된다.(식사권은 참여한 모든 사람이 1장씩 카드를 가져가게 하는 카드, 외식권은 영양소를 바꾸는 카드이다. 즉 현재 탄수화물군의 음식을 내어놓아야 하는데 외식권을 내어놓으면서 무기질로 바꿀 수 있다. 식사권과 외식권을 낸 사람은 다음에 1장 더 카드를 낼 수 있다. Back은 카드를 내는 순서를 역방향으로 바꾸는 것

이고, Jump는 다음 사람은 쉬고 그다음 사람이 카드를 내는 것이다. 그리고 One More는 카드를 낸 사람이 카드 1장을 더 낼 수 있는 것이다. 또한 카드를 낼 때는 "버터는 지방", "밥은 탄수화물"과 같이 외치도록 한다.)

이 게임의 목표는 자신이 가지고 있는 카드를 모두 중앙에 내어놓는 것이다. 그리고 최종 카드가 1장 남았을 때는 반드시 "영양소"라고 외쳐야 한다. 이를 하지 않거나 다른 사람이 먼저 "영양소"라고 외치면 벌칙 카드가 주어진다.

2. 종을 흔들어라!

영양소 우노와 유사한 게임이다. 영양소 우노는 게임 카드를 모두 소진해야 이기는 게임이라면 '종을 흔들어라'는 끝까지 카드를 가지고 있어야 이기는 게임이다. 먼저 모둠별로 영양소 식품 카드를 준비한다.(탄수화물 카드 8장, 지방 카드 8장, 단백질 카드 8장, 무기질 카드 8장, 비타민 카드 8장) 카드는 영양소군에 속하는 음식 사진, 그림, 글자를 써서 만들면 된다.

다섯 명이 게임을 할 경우, 일 인당 8장씩 카드를 나누어 갖는다. 그리고 중앙에 종을 올려놓고, 학생들은 받은 카드를 잘 섞어 뒤집은 후 자기 앞에 카드를 놓아둔다. 그다음 학생들은 순서를 정한 후 돌아가며 자신의 카드를 1장씩 뒤집어 보이게 한다. 그런데 같은 영양소군의 카드가 3장이 나오면 재빨리 종을 흔들고 영양소를 말하면서 카드를 가져가는 것이다. 그리고 가져온 카드는 별도로 보관한다. 이와 같이 게임을 진행한 후, 카드가 없는 친구는 중도 탈락하게 되고 가장 많은 카드를 가진 친구가 우승하게 된다.

3. 뽕망치 대결

이 게임은 모둠 대항 게임으로 1:1로 진행된다. 교사는 칠판에 빵, 두부, 사과, 생선, 포도, 밥, 쌀 과자, 버터, 우유 등 다양한 음식 그림 카드와 '탄수화물, 지방, 단백질, 무기질, 비타민'이라고 적힌 단어 카드를 붙인다. 두 명이 칠판 앞에서 뽕망치를 들고 교사 말씀에 귀를 기울인다. 교사가 예를 들어 "탄수화물"이라고 이야기하면 학생들은 뽕망치로 가장 먼저 탄수화물군에 속하는 빵, 밥, 쌀 과자에 해당하는 그림 카드를 쳐야 한다. 반대로, 교사가 "쇠고기"라고 이야기하면 학생들은 단백질이라고 적힌 단어 카드를 뽕망치로 먼저 쳐야 한다. 뒤늦게 카드를 치거나, 또는 잘못된 카드를 친 경우에는 탈락하게 된다. 모둠 대항 서바이벌 경기로 진행하면 흥미진진하다.

■ 정보 검색 대회

시간:20~30분
준비물:컴퓨터
적용 가능 과목:전 교과
수업 효과:지적 호기심 자극과 정보 처리 능력 향상에
    효과가 있다.

이 게임은 도서관에서 진행이 가능하다. 교사는 모둠을 조직하고 모둠별로 게임에 참여하도록 한다. 교사는 모둠별로 미션 종이를 나누어 준다. 종이에는 정보를 검색해서 답해야 하는 문제들이 적혀 있다. 문제들의 예는 아래와 같다.

단종이 수양대군에 의해 축출되고 유배를 간 곳의 이름은 무엇인가? 청령포
불국사 석굴암은 국보 몇 호인가? 24호
올림픽이 처음 개최된 도시와 연도는? 1896년 그리스 아테네
반 고흐의 미술 작품을 세 가지 이상 쓰시오.
                         해바라기, 자화상, 귀, 영혼의 편지
셰익스피어의 4대 비극은? 햄릿, 리어왕, 맥베스, 오셀로
캐나다, 호주의 수도는? 오타와, 캔버라
조선의 23대왕은? 순조

이러한 문제와 학생들이 배운 내용과 관련된 내용을 섞어서 제시하고 가장 먼저 정답을 찾아 적어 오는 모둠을 우승 팀으

로 정한다.

단, 주의할 점은 제시하는 문제들의 정답을 도서관에 있는 책에서 찾을 수 있는지 교사는 미리 확인해야 한다. 따라서 도서관의 책을 참고해 문제를 분야별로 나누어 출제하는 것이 좋다.

Tip

컴퓨터실에서도 진행이 가능하다. 인터넷 검색을 통해 모둠별로 문제의 정답을 찾아 오면 된다. 컴퓨터실에서 추가할 수 있는 문제들은 다음과 같다.

"부산시 연제구 거제동 부산교육대학교의 우편번호는?"

"이번 달 도서 베스트셀러의 제목은?"

"현재 울산광역시 시장 이름은?"

"서울시청과 부산시청 사이의 정확한 거리는?"

등과 같은 문제들도 출제가 가능하다.

■수학 연산 놀이

시간 : 10~15분
준비물 : 주사위, 종이, 필기도구, 숫자 카드
적용 가능 과목 : 수학
수업 효과 : 놀이를 중심으로 진행하는 수학 수업으로 더욱 적극적으로 수업에 참여할 수 있다.

이 게임은 옆에 있는 짝과 할 수도 있고, 두 명씩 팀을 이뤄서 할 수도 있다. 또한 전체 게임으로도 진행은 가능하다.

게임 방법은 다음과 같다. 참여하는 팀이 0~9까지의 숫자 카드를 가지고 있는다.(0~9까지의 숫자 카드는 넉넉히 가지고 있는다. 왜냐하면 숫자 하나가 여러 번 나올 수 있기 때문이다. 만약 숫자의 여분이 없다면, 한 번 나온 숫자가 또 나올 경우 다시 던진다는 규칙을 정하면 된다.)

교사는 먼저 연산의 형식을 결정해 준다. 즉 '두 자릿수+두 자릿수'라고 정하면 학생들은 주사위를 던져 나오는 숫자를 차례대로 적은 후 연산을 해서 결과 값이 많이 나오는 친구가 이기게 되는 것이다.

교사는, 두 자릿수×한 자릿수, 두 자릿수-한 자릿수, 세 자릿수+세 자릿수, 두 자릿수×두 자릿수, 그리고 고학년이라면 두 자릿수÷한 자릿수, 분수÷자연수, 소수÷소수 등으로 사칙연산의 형식을 변형해서 게임을 진행할 수 있다.

105

Tip

교사는 0은 숫자 첫 자리에 올 수 없음을 게임 중에 지도한다. 또한 분수에서도 분모, 분자에 0이 올 수 없음을 지도한다.

■ 집중 게임

시간:1분
준비물:북채, 트라이앵글
적용 가능 과목:전 교과
수업 효과:학습 분위기 형성에 도움이 된다.

악기로 집중

교사가 북채로 '딱딱딱' 치면 학생들은 박수를 세 번 치고, '딱딱 딱딱딱' 치면 학생들은 박수를 다섯 번 치고 교사를 바라보게 하는 것이다.

(북채뿐만 아니라 소고, 트라이앵글 등의 타악기를 이용해서 집중 훈련을 한 후 적용할 수 있다.)

실로폰으로도 가능하다. 교사가 '도 미 솔'을 치면 학생들은

'도 미 솔'을 따라 하고, 교사가 '도 파 라'를 치면 학생들은 '도 파 라'를 발성한 후 교사에게 집중하도록 한다.

수신호로 집중

교사가 오른손으로 세 손가락을 펴서 '3'을 표시하면 학생들은 박수를 세 번 치도록 한다. 그런데 반대로 왼손으로 세 손가락을 펴서 '3'을 표시하면 학생들은 박수를 두 번(3-1=2) 치도록 한다.

이는, 사전에 교사와 학생들 사이에 약속이 되어 있어야 한다. 또한 중요한 것은 교사가 오른손을 들면, 학생들은 왼손으로 이해를 한다. 따라서 학생 입장에서 왼손은 손가락을 편 수만큼 박수를 치고, 오른손은 손가락을 편 수보다 1 작은 수만큼 박수를 친다고 약속해야 한다.

반대로 액션하며 집중

교사가 손바닥을 펴고 손을 양옆으로 넓게 벌리면 "밖", 가슴 쪽으로 손바닥을 모으면 "안", 머리 위로 올리면 "위", 허리 쪽으로 내리면 "아래"라고 명명한다. 그리고 교사가 "밖"이라는 모션을 하면 학생들은 반대로 "안", 교사가 "위"로 하면 학생들은 "아래"의 액션을 취하면 된다. 즉 교사가 취하는 액션의 반대 행동을 하면 되는 것이다. 교사는 "밖, 밖, 안" 하면 학생은 "안, 안, 밖"의 행동을 하면 된다.

Tip

게임으로 할 수도 있다. 교사가 말과 행동을 섞어서 진행해도 된다.

"안으로, 안으로, 밖으로"라고 이야기하면서 액션을 취하면 학생들은 "밖으로, 밖으로, 안으로" 하면서 행동하면 된다.

그리고 "내 코"라고 교사가 외치면 "내 귀"라고 학생이 답하고, "내 다리"라고 하면 "내 팔"이라고 답하는 등 여러 가지 규칙을 정해 놓고 게임을 진행할 수 있다.

노래로 집중

♬♪
우리 모두 다 함께 손뼉 쳐 짝짝, 우리 모두 다 함께 발 굴러 쾅쾅, 우리 모두 다 함께 즐거웁게 노래해 우리 모두 다 함께 기지개 아휴~! 우리 모두 다 함께 간질여 후후 우리 모두 다 함께 마사지 으~샤 우리 모두 다 함께 즐겁게 노래해 우리 모두 다 함께 파이팅. 파이팅!

이와 같이 교사가 노래를 부르며 적절한 행동을 지시하면서 분위기를 집중시킬 수 있다. 노래의 빠르기를 빠르게 했다가 천천히 했다가, 목소리를 크게 했다 작게 했다 등의 변화를 주면 집중도를 더욱 높일 수 있다.

얼음! 땡!

학생들이 많이 하는 얼음! 땡! 놀이를 활용할 수도 있다. 보통 집중을 시켜야 하는 상황은 학생들이 소란스러운 경우가 많다. 따라서 학생들이 교사가 외치는 "조용!", "주목" 또는 기타 주의 집중 훈련을 위한 멘트들을 듣지 못할 수 있다. 이럴 때 교사는 종소리를 울리고 "얼음!"이라고 외치면 쉽게 주위 집중을 시킬 수 있다. 즉 종소리만 울리지 말고, 이후 얼음이라는 게임적 요소를 더하면 즐겁게 주목할 수 있다. "얼음!" 이후 움직이는 학생에게는 벌칙 게임을 진행해도 재미있을 것이다. "얼음!" 해제는 "땡!"이다.

■ 나의 정체

시간 : 15분
준비물 : 셀로판지, 필기도구
적용 가능 과목 : 사회, 과학, 창의적 재량 활동
수업 효과 : 배경지식 활성화와 인물에 대한 호기심을 자
　　　　　극한다.

　교사는 학생들의 등에 붙일 크기의 셀로판지에 유명인의 이
름을 쓴다. 대통령 이름, 연예인 이름, 위인들, 학교에 근무하는
교사들, 반 학생의 친구 이름, 교과서에 등장하는 인물 등…….
학생들이 알 만한 인물들을 선정해서 적도록 한다. 학생 수만
큼 셀로판지를 만들었으면 교사는 학생들의 등에 붙여 준다.
그러면 학생들은 자신의 등에 적힌 인물을 추측해 내는 것이
다. "남자냐?", "외국 사람이냐?", "어린이냐?", "현재 살아 있는

인물이냐?"등과 같은 질문에 학생들은 오직 'Yes/No'로 대답해야 하는 질문과 답변을 할 수 있다. 예, 아니요 외에 답을 하면 반칙이며, 질문의 횟수는 무제한이지만 시간은 15분으로 제한을 둔다. 제한 시간이 끝나면 한 명씩 나와서 자신이 누구인지 맞춰 보는 시간을 가지면 흥미롭다.

■ 정확하게 마시기

시간:10분
준비물:투명 컵, 물 또는 주스, 요구르트, 자
적용 가능 과목:수학
수업 효과:어림치를 이해할 수 있는 활동 게임이다.

1. 눈금이 그려진 투명 컵 대여섯 개와 물을 준비한다.
2. 각 컵에 정확히 300밀리리터를 넣고 참여자 대여섯 명을 선발한다.
3. 참여자는 컵에 있는 300밀리리터의 물을 정확히 100밀리리터까지 마시도록 한다. 이때 비참여자는 참여자를 소리로 코치할 수 있다.

*주의_시간 제한 없이 진행하지만, 참여자는 중간에 마시는 것을 중단하고 눈금을 확인할 수 없다. 또한 먹다 남은 물과 음료는 버리도록 한다. 참여자가 눈금을 맞추기 위해 먹었다가 다시 내뱉기도 하기 때문이다.

4. 게임이 끝난 후 진행자는 평평한 곳에 컵을 두고 가장 근사치에 있는 참여자를 우승자로 선정한다.

TIP

첫째, 게임에 재미를 더하기 위해 물 대신 콜라, 사이다, 또는 양파즙, 마늘즙, 홍삼액 등을 활용하면 참여자의 표정까지 즐길 수 있고 참여자는 건강 식품을 먹을 수 있어 일석이조다.

둘째, 만약 눈금 있는 컵이 없다면 요구르트를 이용할 수 있다. 진행자는 요구르트 병 하단에 네임펜으로 표시를 하고 참여자는 표시된 곳까지 마시는 것이다.

■ 빨리 찾기 게임

시간 : 10~20분
준비물 : 사전
적용 가능 과목 : 국어, 영어, 한자
수업 효과 : 지적 호기심 자극과 모둠별 활동을 통한 협
동심 향상에 효과가 있다.

국어, 영어 또는 한자 시간에 적용할 수 있는 게임이다. 교사
는 학생들이 모두 사전을 가지고 있는지 확인하도록 한다.(단,
전자사전은 안 된다.) 만약 사전이 부족하다면 학교 도서관에서
대여가 가능하다. 교사는 모둠을 구성하고, 정답을 맞힐 경우
모둠별로 점수를 부여한다. 교사는 참여 학생들의 수준보다 조
금 어려운 단어를 칠판에 적어 준다. 그러면 학생들은 재빨리

사전에서 의미를 찾아 손을 들면 된다.

Tip

"하 ○ 바람 : 서쪽에서 부는 바람"과 같이 교사가 단어의 일부분을 가린 채 단어의 뜻을 제시한 후 학생들이 이를 맞히는 것이다.

■ 협동하여 표현하기

시간:10~15분
준비물:창의적으로 학생들이 도구 이용
적용 가능 과목:체육, 도덕
수업 효과:특정 단어에 대한 이미지를 자신의 경험에
         비추어 표현하게 하며, 다른 친구들의 생각
         도 공유하는 기회를 가진다.

모둠별로 진행이 가능한 활동이다. 교사가 특정한 단어를 제시하면 모둠별로 이를 표현하는 것이다. 즉 신체 표현 활동이다. 처음에는 표현이 쉬운 단어(예를 들어 원, 사각형, 삼각형, 오각형, 별)로 요령을 익힌다. 그리고 차츰 각 모둠별로 창의적으로 생각해서 표현할 수 있는 단어들을 제시하도록 한다.

예시

친구, 사랑, 우리나라, 미국, 행복

학생들이 제시된 단어를 몸으로 표현하는 것이 끝나면, 한 모둠씩 나와서 발표하도록 한다. 무엇을 표현하려고 했는지, 왜 이렇게 표현했는지 등을 친구들에게 발표하도록 한다.

■인간 조각상 만들기

시간:10~20분
준비물:창의적으로 학생들이 도구 이용
적용 가능 과목:체육, 도덕
수업 효과:상상력과 창의성을 자극하는 활동 게임이다.

이 게임은 창의력과 상상력을 발산할 수 있는 프로그램이다. 게임은 강당에서 진행하면 좋고, 교실에서 진행하려면 책상을 한쪽으로 정리한 후 진행하면 된다. 진행자는 학생들을 2인 1조로 조 편성을 하도록 한다.

*둥글게 원을 만든 후, 두 명씩 모이라는 신호를 주면 아이들은 자연스럽게 모이게 되며 조 편성이 이루어지게 될 것이다.

2인 1조가 된 후, 서로 가위바위보를 해서 승부를 가린다. 이긴 사람은 조각가가 되는 것이고, 진 사람은 조각이 되는 것이다. 즉 진행자가 제시하는 상황을 표현할 수 있는 조각을 조각가가 만들어 내는 것이다.

예를 들면, 진행자가 복권 1등에 당첨되었을 때의 환희에 찬 모습을 조각해 보라고 한다면 조각가(가위바위보 승자)는 조각(가위바위보 패자)의 표정, 자세 등 하나하나의 모습을 설정하는 것이다.

이에 가위바위보에서 진 친구는 이긴 친구의 지시에 적극적으로 따라 주어야 한다. 이때, 조각가는 교실에 있는 소품(의자, 책 등)을 적절히 활용할 수 있다.

　진행자는 조각가의 작품 활동이 끝나면 간단하게 설명을 들어 보고, 역할을 바꾸어서 다른 상황을 제시해서 게임을 이어 나가면 된다.

■학습 빙고

> 시간 : 20~30분
> 준비물 : 종이, 필기도구
> 적용 가능 과목 : 전 교과
> 수업 효과 : 학습 내용 정리 및 기타 독서, 인성 놀이 등
> 에 다양하게 적용할 수 있는 학습 놀이이다.

1. 상위 개념, 하위 개념 공부 빙고

교사는 3×3 또는 5×5 칸이 그려진 종이를 한 장씩 학생들에게 나누어 준다. 그리고 학생들은 교사가 제시하는 상위 개념에 속하는 하위 개념의 단어들을 빈칸에 적는다. 예컨대 교사가 상위 개념으로 '동물'을 제시하면, 학생들은 고양이, 사자, 호랑이, 돼지, 개 등을 작성하는 것이다. 즉 학생 개개인의 빙고 카드에 다른 단어들이 적히게 된다. 학생이 모두 끝나면, 교사는 가로, 세로, 대각선으로 1줄 또는 2줄 등 규칙을 정한 후 동물들의 이름을 불러 주면 된다.

Tip

교사는 나라 이름, 같은 반 친구 이름, 아시아 국가, 우리나라 도시 등을 제시할 수 있다. 교사는 빙고 단어를 부를 때, 꼭 기록을 해 두고 빙고왕의 카드를 확인하도록 한다.

2. 학습 정리 퀴즈 정답 빙고

단원을 마무리하면서 또는 수업을 정리하면서 배운 내용들

에 대해 교사가 퀴즈를 낸다. 학생들은 퀴즈의 정답을 3×3 또는 5×5 빙고 칸에 자신이 원하는 위치에 적는다. 만약 3×3 빙고 칸의 경우 교사는 최소한 아홉 문제를 출제해야 한다. 그런데 보너스 문제로 두세 문제를 더 출제해도 된다. 아홉 문제의 정답을 모두 빙고 칸에 채운 친구는 한 칸에 추가로 문제의 정답을 더 적게 한다. 그래서 교사가 정답 두 개 가운데 한 개만 불러도 체크를 할 수 있는 것이다. 이는 아홉 문제 가운데 몇 문제의 정답을 적지 못한 친구들을 배려하기 위한 것이다. 문제 출제가 끝나면 교사는 빙고왕의 기준(가로, 세로, 대각선 중 1줄 또는 2줄 완성)을 안내하고 문제와 정답을 순서 없이 불러 주면 된다.

Tip

1. 수수께끼나 난센스 문제로 진행해도 좋다.

2. 교사가 제시한 문제의 정답을 모를 경우, 책이나 노트를 꺼내 보아도 괜찮다고 안내하면 학습 효과가 있다.

3. 유사한 정답이 있을 경우 교사가 정답 기준을 제시해 주어야 한다.

4. 이는 국어, 영어, 수학, 사회, 과학 등 전 과목에 걸쳐 활용이 가능하다. 수학의 경우, 교사가 문제를 화면으로 제시하는 방법을 사용해도 된다.

5. 초등학생들의 경우, 수업 시작과 함께 빙고 칸을 제시하면 수업 중간 중간에 문제를 제시하는 것도 방법이다. 단, 학생들 간에 빙고 카드를 공유하거나 보여 주는 경우가 없도록 해야 한다.

일주일 또는 한 달 동안 교사가 정한 도서들을 학생들에게 읽게 한다. 그리고 책에 관련된 문제들을 내고 학생들이 빙고 카드에 정답을 임의대로 쓰고 게임에 참가하는 방법도 좋다.

■ 단어 짝짓기 게임

시간 : 10~15분
준비물 : 단어 카드
적용 가능 과목 : 영어, 한자, 국어
수업 효과 : 단어의 의미를 정확히 파악하기 위한 동기를
부여한다.

	air 행복 apple dream 소녀 휴대폰 happy 고양이	
좌	love 학교 friend world 공기 school 사과 water	우
	girl glass 물 telephone 꿈 친구 cat 세계 사랑	

위와 같이 교사는 칠판을 세 등분으로 나눈다. 그리고 중간
에 영단어 카드와 의미 카드를 순서 없이 섞는다. (칠판 자석을
이용해서 단어와 의미 카드를 제작한다.) 그리고 모둠의 대표 학생
두 명을 칠판 양옆 왼쪽과 오른쪽에 세운다. 그리고 제한 시간
1분 안에 영단어와 영단어 뜻을 짝지어 자기 진영, 좌 또는 우
로 가져가 정리하도록 한다.

게임에 참여하는 학생은 칠판 중앙에서 먼저 눈으로 단어
카드와 의미 카드를 짝지은 후, 카드를 이동시키도록 한다. 영
단어 외에 고사성어 카드, 한자와 음과 훈 카드 등을 제작해서
게임을 진행해도 좋다.

■ 정확성 판단 게임

시간 : 10분
준비물 : 안대, 초시계
적용 가능 과목 : 수학
수업 효과 : 1센티미터, 1분 등 단위에 대한 감각을 기르
기 위한 활동 게임이다.

1분 정확히 맞히기

진행자는 화면에 초시계를 준비하고, 안대를 준비한다. 그리
고 각 팀별 대표가 한 명씩 나와 안대를 쓰고 진행자의 '시작'
소리에 맞춰 마음속으로 1분을 세도록 한다. 그리고 참여자가
자신이 정확히 1분이라고 생각되는 시점에 오른손을 높이 들도
록 한다. 진행자는 모든 학생이 손을 들면 1분에 가장 근접하
게 손을 든 학생을 우승자로 선정한다.

Tip

참여자가 1분이라고 생각되는 시점에 손을 들 때, 절대 다른 참여자에게 소리
가 들리지 않도록 한다. 진행자는 앉아서 구경하는 친구들이 사인을 하지 않도록
사전에 주의를 주도록 한다.

3센티미터 정확히 맞히기

진행자는 서너 개 안대와 자 그리고 인원수만큼의 요구르트,
빨대를 준비한다. 그리고 각 팀별 대표가 한 명씩 나와 안대를
쓰고 진행자의 '시작' 소리에 맞춰 빨대가 꽂힌 요구르트를 마

시는데, 요구르트 병 바닥을 기준으로 3센티미터 정도 되는 지점까지 마시는 것이다. 참여자는 자신이 3센티미터 정도 되는 지점까지 마셨다고 판단이 되면 안대를 벗고 대기한다. 진행자는 모든 참여자의 게임이 끝나면 자를 이용해서 3센티미터에 가장 근접한 부분까지 마신 참여자를 우승자로 선정한다.

■수학 야구 게임

시간 : 20~30분
준비물 : 종이, 필기도구
적용 가능 과목 : 수학
수업 효과 : 수에 대한 감각을 기르고 논리성과 추리력을
기르기 위한 활동 게임이다.

*예전에 텔레비전 퀴즈 프로그램을 통해 소개되었던 게임이다.

1. 먼저 진행자를 한 명 정하도록 한다.

2. 진행자는 1~9까지의 숫자를 한 명씩만 사용하여 세 자
   리 숫자, 즉 목표 숫자를 만들도록 한다. (예:712=목표 숫
   자) 이 숫자는 참여자들에게 공개되어선 안 되며, 진행
   자는 '712'라는 숫자를 정확히 기억하고 있어야 한다.

3. 참여자는 진행자가 정한 목표 숫자 '712'를 맞히는 것
   이 목표이다. 따라서 세 자리 숫자를 부른다. 예를 들어
   참여자가 951이라고 하면, 진행자는 목표 숫자인 712와
   비교하여 정확한 단서를 제공해야 한다. 즉 1이라는 숫
   자는 자릿수는 맞지 않지만 목표 숫자에 포함되어 있는
   숫자이기 때문에 '원 볼'이라고 이야기한다. 그리고 이
   때, 참여자가 부르는 숫자는 칠판이나 컴퓨터 화면에 기
   록하고 진행자가 제시한 단서를 참여자들이 모두 볼 수
   있도록 한다.

규칙

1. 목표 숫자와 비교해서 1이라는 숫자는 포함되어 있지만 자릿수가 맞지 않는 경우 볼.

  예) 목표 숫자 712, 참여자가 부른 숫자 831 → 진행자는 '원 볼'이라고 안내한다.

2. 목표 숫자와 비교해서 1이라는 숫자도 포함되어 있고 자릿수도 맞는 경우 스트라이크.

  예) 목표 숫자 712, 참여자가 부른 숫자 914 → 진행자는 '원 스트라이크'라고 안내한다.

3. 목표 숫자와 비교해서 아무 숫자도 포함되어 있지 않다면 아웃.

  예) 목표 숫자 712, 참여자가 부른 숫자 953 → 진행자는 '아웃'이라고 안내한다.

4. 참여자는 722, 122, 888, 565, 908, 401 등과 같은 숫자는 부를 수가 없다. 왜냐하면 1~9까지의 숫자를 한 번만 사용해야 하는 숫자이고, 0을 포함해서는 안 되는 숫자이기 때문이다.

  예) 목표 숫자 712

  참여자가 부른 숫자가 153이면 → 원 볼

  참여자가 부른 숫자가 753이면 → 원 스트라이크

  참여자가 부른 숫자가 972이면 → 원 스트라이크 원 볼

  참여자가 부른 숫자가 721이면 → 원 스트라이크 투 볼

  참여자가 부른 숫자가 127이면 → 스리 볼

  참여자가 부른 숫자가 456이면 → 아웃

참여자가 부른 숫자가 712면 → 홈런!

5. 참여자가 목표 숫자를 맞히면, 진행자는 칠판이나 화면
에 적힌 단서들을 목표 숫자와 비교해서 자신이 정확한
단서를 제공했음을 확인하는 작업이 필요하다. 혹, 진행
자가 단서를 거짓 제공했다면 이 게임은 무효가 된다.

Tip

이 게임은 초등학교 고학년 이상이 참여자일 경우 호응이 좋다. 그리고 참여자
가 1:1 로 진행해도 좋고, 1:다수로 진행해도 재미있다. 이 게임의 진행 방법과 요
령을 알았다면 다섯 번 이내로 목표 숫자를 맞히는 전략을 세워 보고 서로 설명하
는 것도 유익한 시간이 될 것이다.

■ 누구일까요?

시간:5분
준비물:사진 파일, 전지, 사진, 그림
적용 가능 과목:전 교과
수업 효과:수업 도입 부분의 주의 집중, 학습 동기 부여
　　　에 효과적이다.

컴퓨터를 이용해서 하는 게임이다. 어떤 인물, 물건 등의 사진의 일부를 조금씩 보여 주면서 실체를 맞히는 게임이다. 컴퓨터가 없다면, 사진을 크게 출력하고 조각낸 전지로 사진을 덮어 하나씩 보여 주면서 진행해도 괜찮다.

혹시 참여자가 맞히기 힘들어한다면, 조금씩 힌트를 주면서 진행해도 좋다.

문제

정답:코끼리

128

■무엇일까요?

(앉아 있는 참여자들은 볼 수 있는 상자,
참여자는 볼 수 없는 상자)

시간:10~15분
준비물:상자, 여러 물건들
적용 가능 과목:전 교과
수업 효과:교과 관련 물건을 두고 추측하게 함으로써
　　　　　학습 동기 및 흥미를 고취한다.

상자에 물건을 집어넣고 한 사람이 상자 안에 든 물건이 무엇인지 맞히는 게임이다. 참여자는 오직 촉감으로만 물건의 정체를 맞힌다. 따라서 상자는 게임 관람자만 볼 수 있는, 한쪽이 개방된 상자를 준비하도록 한다.

*박스를 준비한 후 한쪽을 잘라 사용 또는 투명한 상자를 준비한 후 한쪽을 제외하고 종이로 싼 후에 사용한다.

게임 참여자가 물체의 정체를 맞히는 데 어려워할 경우 두세 개 정도의 힌트를 주도록 한다. 게임은 제한 시간 1~2분을 정해 놓고 진행하도록 한다.

물건 예시
손톱깎이, 클립 등.

■ 이것은 뭘까?

시간 : 30~40분
준비물 : 핸드폰 카메라, 디지털카메라
적용 가능 과목 : 과학, 사회
수업 효과 : 사물에 대한 관찰력과 상상력을 기를 수 있
          는 학습 놀이이다.

모둠별로 진행되는 게임으로 각 모둠은 디지털카메라를 준비
해 온다. 그리고 운동장과 교실 등 교정을 돌면서 특정 물체의
측면도, 평면도, 후면도, 정면도를 촬영하도록 한다. 이때 특정
물건 전체를 촬영해도 되지만, 특정 물건의 부분만을 촬영해도
무방하다.

그런데 초점이 정확히 잡혀야 하고, 흐릿해서 식별이 곤란한
사진은 사용할 수 없다. 예를 들어 물 분무기에서 분무되는 곳
의 정면도, 측면도, 평면도를 촬영한다. 그리고 가장 식별이 어
려운 사진에서부터 식별이 가능한 사진 순서로 배열해서 다른
모둠에서 사물의 정체를 맞히도록 하는 것이다.

이 게임에서 중요한 것은 물체를 다각도로 촬영해서 다른 모
둠 학생들이 문제를 못 맞히게 하는 것이 아니라 마지막 사진
을 보고는 정답을 맞히도록 하는 데 있다. 따라서 진행자는 다
른 모둠에서 문제를 맞힐 경우 정답을 맞힌 팀도 점수가 올라
가고, 문제를 출제한 팀도 함께 점수가 올라간다는 것을 사전
에 안내해야 한다.

Tip

이 게임은 디지털카메라 수업과 연계해서 진행하면 좋은 게임이다. 그런데 교사는 학생들이 촬영 전에 접사 기능(근접 촬영 기능)을 익히고 출사를 나갈 수 있도록 지도해야 한다. 저학년이라면 모둠별 카메라를 수합한 후 접사 기능을 설정해 놓고 출사를 보내는 것도 방법이다.

■ 자리 배치 재미있게 하기

시간 : 15~20분
준비물 : 나무젓가락, 개인 소지품
적용 가능 과목 : 창의적 체험 활동
수업 효과 : 좌석 배치에 우연성을 더해 재미있게 자리를
　　　　　잡도록 한다.

나무젓가락

교사는 칠판에 교실의 책상 배치도를 그리고 배치도에 있는
각 책상에 1, 2, 3…… 숫자를 무작위로 쓰도록 한다. 이때 교
사는 남학생이 앉아야 할 책상의 번호, 여학생이 앉아야 할 책
상의 번호를 구분해서 쓴다. 그리고 교사는 나무젓가락의 한쪽
끝부분에 책상 번호를 모두 기록한 후, 남학생의 책상 번호와
여학생의 책상 번호를 분리해서 추첨을 준비한다. 학생들은 한
명씩 나와서 자신이 앉게 될 좌석을 추첨한다. 즉 학생들은 나
무젓가락을 추첨해서 나온 숫자와 일치하는 책상 번호에 앉게
되는 것이다.

Tip

나무젓가락 대신 쪽지, 구슬, 둥근 딱지 등을 사용해도 좋다.

소지품으로 짝 선택

위의 나무젓가락을 이용해 여학생들의 자리를 배치한다. 또
는 키 순서, 기타 여러 방법들로 먼저 여학생 자리 배치를 완료

한다. 이때, 남학생들은 교실 밖으로 나가게 해서 교실 상황을 알지 못하도록 하는 것이 중요하다.

여학생들 자리 배치가 끝나면 여학생들은 자신이 가진 소지품을 하나씩 꺼내 놓는다. 교사는 소지품 수합이 끝나면, 남학생들을 교실로 다시 들어오게 한 후, 번호대로 여학생들의 소지품들 가운데 하나를 선택하게 한다. 이때 여학생은 자신의 소지품일 경우 손을 들어, 남학생의 자리를 알려 주면 된다.

사다리 게임

남학생이든 여학생이든 먼저 자리 배치를 완료하도록 한다. 예를 들어 남학생을 키 번호대로 좌석 배치를 마쳤다고 하자. 교사는 칠판에 학생 수에 맞게 사다리 그림을 그리고 사다리의 아래쪽은 남학생의 이름을 쓰고 위쪽은 A, B, C, D…… 알파벳을 쓰도록 한다. 그리고 여학생들은 알파벳 가운데 자신이 원하는 것을 고르고, 교사는 알파벳 위에 이름을 쓰도록 한다.

모두 선택이 끝났으면, 교사는 사다리 길을 순서 없이 마구 마구 긋도록 한다. 보다 극적인 재미를 더하기 위해 선을 사선이나 촘촘하게 선 여러 개를 겹쳐서 그리는 것도 좋다. 사다리가 모두 완성되었으면 A부터 사다리를 그려 본다. 교사는 색깔 표시가 가능한 것을 이용하면 좋다. 이렇게 해서 사다리로 연결된 친구와 짝이 되는 것이다.

용기 있는 친구가 미인을……

먼저 남학생이나 여학생 중 한쪽의 자리 배치를 키, 번호 또는 나무젓가락 추첨 등을 통해 완료한다. 예를 들어, 여학생 자리 배치를 마쳤다면 여학생들은 지정된 자리에 앉도록 한다. 그리고 남학생들은 가위바위보를 통해 순서를 정해 순서대로 앉고 싶은 곳에 앉도록 하는 것이다. 가위바위보를 하는 이유는 순서가 정해져 있지 않으면 모두가 멈칫거리는 상황이나 특정 자리에 여러 명의 학생들이 몰리게 되는 상황이 벌어질 수 있기 때문이다.

Tip

재미있는 방법으로 자리를 배치하다보면, 키가 아주 큰 학생이 맨 앞자리에 앉게 될 수도 있고 키가 아주 작은 학생이 맨 뒷자리에 앉게 될 수도 있다. 따라서 교사는 모두 자리 배치가 끝난 후 칠판이 잘 보이지 않는 학생을 확인한 후, 학생들이 서로 자리 배치를 조정할 수 있도록 지도한다.

■ 발표자 선정하기

시간:1분
준비물:탱탱볼, 나무젓가락
적용 가능 과목:전 교과
수업 효과:발표자 선정에 재미를 더해 즐겁게 발표에
　　　　　참여하도록 한다.

교실에서 학습 활동을 마친 후 자발적으로 발표를 하겠다고 손을 드는 친구들은 소수에 불과하다. 그리고 그마저도 늘 발표를 하는 친구들이 손을 든다. 교사는 날짜에 해당하는 번호의 학생 또는 당번 등의 학생을 지명하는데, 이때 사용할 수 있는 방법들을 소개한다.

탱탱볼 이용하기

교사는 탱탱볼을 잡은 사람이 발표자로 선정되는 것을 사전에 학생들에게 안내한다. 그런 후 탱탱볼을 적당히 던지도록 한다. 혹, 학생들이 자신의 자리 부근에 오는데도 불구하고 받지 않는 경우를 대비해서, 만약 공을 학생이 받지 않는 경우 공이 처음에 떨어진 곳에서 가까운 학생이 발표자가 되는 것임을 설명해 준다. 탱탱볼을 받아 발표자로 선정된 학생은 발표를 한 후, 탱탱볼을 던져 다음 발표자를 선정하도록 한다.

나무젓가락 추첨하기

나무젓가락의 한쪽 끝 부분에 학생들의 번호를 모두 적도록 한다. 그리고 나무젓가락을 펜 꽂이나 머그컵 등에 넣는데 이때, 번호가 적힌 부분이 아래쪽으로 가도록 한다. 그리고 교사가 나무젓가락 하나를 뽑아 발표자를 선정하도록 한다. 발표자로 선정된 학생은 발표가 끝난 후, 나무젓가락을 추첨해서 다음 발표자를 선정하도록 한다.

Tip

1. 종이를 이용해 추첨해도 무방하다. 그러나 재활용이 가능하고 오랫동안 사용이 가능하기에 나무젓가락을 이용하는 것이 더 좋다.

2. 학습 자료 사이트에서 제공하는 발표 도우미 프로그램을 사용해도 좋다.

■ 당신의 이웃을 아십니까?

시간:15~20분
적용 가능 과목:체육, 영어
수업 효과:친구의 말에 집중하고 이에 즉각적으로 반응
하여 활동하는 역동적인 게임이다.

1. 학생들이 큰 원을 만들어 바닥에 앉는다. 인원이 최소 열 명 이상이면 진행이 가능하다.

2. 진행자는 바닥에 앉아 있는 사람 한 명 한 명에게 농구, 축구, 배구, 야구를 지정해 준다. 즉 1번 학생 농구, 2번 학생 축구, 3번 학생 배구, 4번 학생 야구, 5번 학생 농구, 6번 학생 축구, 7번 학생 배구, 8번 학생 야구, 9번 학생 농구 등으로 지정해 준다.

3. 앉아 있는 학생들이 원 중앙에 서 있는 진행자에게 큰 소리로 묻는다.
   "어떤 운동 좋아하니?(What sports do you like?)"
   그러면 진행자는 "내가 좋아하는 운동은 야구!(My favorite sports is baseball!)"라고 답한다.

4. 진행자가 야구라고 말을 했기 때문에 야구라고 지명을 받은 학생들은 모두 일어나서 현재 앉아 있는 자리에서 무조건 다른 자리로 이동해야 한다. 이때, "야구"라고 말한 진행자 역시 빈자리에 앉아야 한다. 그리고 자리에 미처 앉지 못한 사람이 다음 술래(진행자)가 된다.

*이때 새롭게 진행자가 된 사람에게 벌칙을 주어도 괜찮을 것이다.

5. 아이들은 새롭게 묻는다. "어떤 운동 좋아하니?" 친구가 "내가 좋아하는 운동은 농구!"라고 말하면 이번에는 농구라고 지명받은 학생들이 모두 일어나 자리를 바꿔 앉아야 한다. 이렇게 게임은 계속적으로 순환된다.
(교사가 이야기하다 해당 낱말이 나오면 해당 낱말에 해당되는 학생들이 서로 자리를 바꾼다.)

Tip

1. 지명해 주는 단어는 모두 네댓 개 정도가 적당하다. 너무 적으면 계속 움직여야 해서 힘들고, 너무 많으면 기다리는 것이 자칫 지루할 수 있기 때문이다.

2. 진행자가 고학년이라면, 이야기를 다음과 같이 들려주며 진행해도 좋다.
"내가 하루는 집에서 쉬고 있는데 친구가 전화를 해서 운동을 하자는 거야?

바로 그 운동이 배구!"

(반드시 중요한 지명 단어는 맨 마지막에 크게 외쳐 주어야 한다).

3. 지명 단어를 숫자 1, 2, 3, 4, 알파벳 A, B, C, D 등 다양하게 바꾸어도 괜찮다.

응용 게임

교사가 처음 시작할 술래 학생을 지목한 다음 나머지 친구들이 묻는다. "어떤 친구를 좋아합니까?"라고 함께 큰 소리로 물으면, 술래는 "안경 쓴 친구를 사랑합니다."라고 답할 수 있다. 그러면 앉아 있던 친구들 중 안경을 쓴 친구들은 모두 일어나 자리를 이동해야 한다. 물론 술래도 자리에 앉아야 하는데 최종적으로 자리에 앉지 못한 친구가 다음 술래가 된다.

■ 말놀이(Tongue Twister)

시간:20~30분
준비물:말놀이를 위한 문장, 초시계
적용 가능 과목:국어, 영어
수업 효과:정확한 발음을 구사하도록 하기 위한 동기
부여 효과가 있다.

학생들은 모둠 또는 분단별로 제시된 문장을 최단 시간 내에 빨리 읽도록 한다. 교사는 정확한 발음으로 말놀이 문장을 발음하는지 확인하고 틀린 경우, 실로폰이나 종으로 틀렸다는 신호를 보내고 다시 읽도록 한다. 또한 시작과 동시에 타이머를 체크해서 문장 전체를 학생들이 읽는 데 소요된 시간을 정확히 체크하도록 한다. 게임 시작 전에 학생들이 문장 발음 연습을 할 수 있는 시간을 제공한다.

*화면에 말놀이 문장을 띄워 놓거나, 문장 카드를 만들어 넘기도록 한다. 또는 문장을 칠판에 모두 써 놓거나 학생들에게 유인물로 제공하는 것도 방법이다.

1. 분단별(8명)로 제시된 문장을 한 명씩 차례대로 읽도록 한다.
2. 시작과 동시에 타이머를 작동시키고, 틀리게 문장을 발음한 경우 교사는 종을 울려 문장을 다시 읽도록 한다.
3. 1분단 → 2분단 차례대로 진행하며 소요 시간을 칠판에 적어 둔다. 가장 단시간 내에 문장을 발음한 팀이 이기게 된다.

Tip

1. 여러 번 게임을 진행할 경우, 문장의 종류를 달리할 수 있다. 또한 학생들의 자리 위치 변경을 허용하는 것도 방법이다.

2. 고학년이라면 영어로 된 말놀이 문장으로 진행해도 좋다.

3. 교사가 정확한 발음을 하는지 심판자의 역할을 해야 하는데, 게임이 1~2회 진행되면 참관하는 학생 몇 명이 대표로 심판자의 역할을 할 수 있다.

4. 이는 국어 시간 정확한 발음을 위한 게임으로 적합하다.

말놀이 문장의 예시

1. 안 촉촉한 초코칩의 나라에 살고 있는 안 촉촉한 초코 칩이 촉촉한 초코칩 나라의 촉촉한 초코칩을 보고 촉 촉한 초코칩이 되고 싶어 촉촉한 초코칩의 나라에 갔 는데, 촉촉한 초코칩 나라의 문지기가 '넌 촉촉한 초코 칩이 아니라 안 촉촉한 초코칩이니 안 촉촉한 초코칩의 나라로 돌아가라'고 해서 안 촉촉한 초코칩은 촉촉한

초코칩이 되는 것을 포기하고 안 촉촉한 초코칩의 나라
로 돌아갔다.

2. 간장 공장 공장장은 간 공장장이고, 공장 공장 공장장
은 공 공장장이다.

3. 내가 그린 기린 그림은 긴 기린 그림이고 네가 그린 기
린 그림은 안 긴 기린 그림이다.

4. 내가 그린 구름 그림은 새털구름 그린 그림이고 네가 그
린 구름 그림은 양털구름 그린 그림이다.

5. 들의 콩깍지는 깐 콩깍지인가 안 깐 콩깍지인가. 깐 콩
깍지면 어떻고 안 깐 콩깍지면 어떠냐. 깐 콩깍지나 안
깐 콩깍지나 콩깍지는 다 콩깍지인데.

6. 저기 계신 저분이 박 법학 박사이시고, 여기 계신 이분
이 백 법학 박사이시다.

7. 작년에 온 솥장수는 새 솥장수이고, 금년에 온 솥장수
는 헌 솥장수이다.

8. 상표 붙인 큰 깡통은 깐 깡통인가? 안 깐 깡통인가?

9. 신진 상송 가수의 신춘 상송 쇼.

10. 서울특별시 특허허가과 허가과장 허 과장.

11. 저기 저 뜀틀이 내가 뛸 뜀틀인가 내가 안 뛸 뜀틀인가.

12. 앞집 팥죽은 붉은 팥 풋팥죽이고, 뒷집 콩죽은 햇콩단
콩 콩죽, 우리집 깨죽은 검은깨 깨죽인데 사람들은 햇
콩 단콩 콩죽 깨죽 죽 먹기를 싫어하더라.

13. 우리 집 옆집 앞집 뒷창살은 홑겹창살이고, 우리 집
뒷집 앞집 옆창살은 겹홑창살이다.

14. 저기 가는 저 상장사가 새 상 상장사냐 헌 상 상장사냐.

15. 중앙청 창살은 쌍창살이고, 시청의 창살은 외창살이다.

16. 멍멍이네 꿀꿀이는 멍멍 해도 꿀꿀 하고, 꿀꿀이네 멍
    멍이는 꿀꿀 해도 멍멍 하네.

17. 저기 있는 말뚝이 말 맬 말뚝이냐, 말 못 맬 말뚝이냐.

18. 옆집 팥죽은 붉은 팥죽이고, 뒷집 콩죽은 검은 콩죽
    이다.

19. 경찰청 쇠창살 외철창살, 검찰청 쇠창살 쌍철창살.

20. 경찰청 철창살이 쇠철창살이냐 철철창살이냐.

21. 칠월 칠일은 평창 친구 친정 칠순 잔칫날.

22. 고려고 교복은 고급 교복이고 고려고 교복은 고급 원
    단을 사용했다.

23. 한국관광공사 곽진광 관광과장.

24. 생각이란 생각하면 생각할수록 생각나는 것이 생각이
    므로 생각하지 않는 생각이 좋은 생각이라 생각한다.

25. 김 서방네 지붕 위에 콩깍지가 깐 콩깍지냐 안 깐 콩
    깍지이냐?

26. 앞뜰에 있는 말뚝이 말 맬 말뚝이냐 말 안 맬 말뚝이
    냐?

27. 귀돌이네 담 밑에서 귀뚜라미가 귀뚤뚤뚤 귀뚤뚤뚤
    똘똘이네 담 밑에서 귀뚜라미가 뚤뚤뚤뚤 뚤뚤뚤.

28. 작은 토끼 토끼 통 옆에는 큰 토끼 토끼 통이 있고, 큰
    토끼 토끼 통 옆에는 작은 토끼 토끼 통이 있다.

29. 산골 찹쌀 촌 찹쌀 갯골 찹쌀 햇찹쌀.

Tongue Twister

1. She sells shells on the sea shore.

   (그녀는 바닷가에서 조개껍질을 팔고 있다.)

2. Berry brother bought some butter.

   (베리 형제가 약간의 버터를 샀다.)

3. How much wood would a woodchuck chuck if a woodchuck could chuck wood?

   (땅돼지가 나무를 팔 수 있다면 그 땅돼지가 판 나무는 얼마만큼일까?)

4. Peter Piper picked a peck of pickled peppers.

   (피터 파이퍼는 절인 고추 한 덩어리를 집었다.)

5. Is today the day they date or is Thursday the day they date?

   (그들이 데이트를 한 날짜는 오늘일까 목요일일까?)

6. If Thursday is the day they date then why don't we date today?

   (그들이 목요일에 데이트를 했다면 우리는 오늘 데이트할까?)

■진실 혹은 거짓(학습 편)

시간 : 10~20분
준비물 : 퀴즈 카드, 필기도구
적용 가능 과목 : 사회, 과학
수업 효과 : 학생들이 학습 내용의 진위 여부를 판단하여
복습할 수 있는 기회를 가진다.

특정한 주제, 학습 내용, 사람 등에 관한 진실과 거짓을 나열해 놓고 참여자들이 이를 구분해 나가는 활동이다. 프로젝트 학습으로도 유용한 학습법인데, 예를 들어 '각 나라의 문화'라는 주제로 공부를 한다면 교사는 학생 한 명 한 명에게 특정 국가를 지정해 주거나 학생이 선택하는 것도 좋다. 이때 학생들 간에 조사하는 나라가 겹쳐서는 안 된다. 학생 서른 명이 각각의 나라에 대한 내용을 조사한 후 두세 문제를 출제해 온다.

1. 미국에서는 각 주별로 법이 달라, 어느 지역에서는 마약을 해도 처벌을 받지 않는다.
2. 미국의 초대 대통령은 링컨 대통령이다.
3. 미국 뉴욕의 자유의 여신상은 프랑스로부터 선물을 받은 것이다.

위와 같이 문제를 내고 진실 혹은 거짓을 맞히는 형태로 진행할 수 있다. 그리고 출제자는 반드시 해설을 덧붙여 참여자들에게 유익한 정보를 제공하도록 한다.

■ 퀴즈 프로그램

시간 : 40분
준비물 : 보드판, 사인펜, 물휴지, 퀴즈 문제
적용 가능 과목 : 전 교과
수업 효과 : 학습 내용 정리 및 학습 호기심 자극 효과가
있다.

1. 골든벨 퀴즈

텔레비전 프로그램을 통해 익히 알고 있는 프로그램이다. 학기 말, 그동안 배웠던 내용들을 퀴즈로 총정리하는 시간에 활용하면 유익하다. 교사가 학생 중 한 명이라도 골든벨을 울린 경우, 체육 시간 연장, 간단한 간식 제공, 오늘은 숙제를 내지 않는 등의 특별한 조건을 미리 제시한다면 아이들은 더욱 긴장하고 열심히 할 것이다.

준비물로 보드판, 보드 마커, 보드 지우개가 필요하다. 퀴즈를 위해 모든 준비물을 구비하는 것이 어렵다면, 8절지 도화지를 코팅해서 보드판으로 이용하거나 또는 아크릴판을 사용해도 좋다. 그리고 사인펜과 물휴지 한 장을 이용해 골든벨을 진행하면 된다.

문제의 난이도는 차츰 어려워져야 하며, 게임 중간에 탈락한 친구들은 교실 앞뒤 양옆의 벽 쪽으로 물러나야 한다. 그리고 게임 중에 정답을 알려 주는 등의 부정행위가 없도록 사전에 지도가 필요하다.

게임 중, 흥미를 더하기 위해 패자부활전이 꼭 필요하다. 부

활 방법은 여러 가지가 있다.

1. 줄넘기를 제일 잘하는 친구가 나와서 줄넘기를 한 개수
   만큼의 학생을 부활시키도록 할 수 있다.
2. 패자들만을 위한 퀴즈를 낸다. 이때 문제는 가장 쉬운
   문제를 내도록 한다. 그리고 맞힌 학생은 전원 부활되도
   록 한다.
3. 패자부활전을 위해 노래 부른 학생이 노래를 잘하거나
   또는 가장 춤을 잘 추는 학생이 나와서 춤을 아주 잘
   춘 경우 전원 부활, 그냥 그럭저럭 춤을 췄다면 일부 부
   활 등의 조건을 걸고 프로그램을 진행하면 분위기는 흥
   미진진해질 것이다.

그러나 중요한 것은 전원을 부활시켜 주는 것이다. 누구는 부활이 되고, 누구는 부활되지 못한다면 프로그램을 통해 학생들이 상처를 받을 수 있다. 그리고 패자부활전은 1차, 2차 정도 실시하고 마지막 패자부활전인 경우 꼭 안내를 해 주어야 한다.

골든벨의 마지막쯤 되면 문제가 어려워져서 많은 학생들이 탈락하게 되고, 최종 한두 명이 남은 경우 찬스 기회를 제공한다. 세 가지 정도의 찬스를 사용하는 것이 좋다.

1. 정답의 초성만 알려 주기.
2. 친구들의 정답 비행기를 받기.
3. 1분 인터넷 검색 찬스.

골든벨의 최종 문제를 맞혀서 골든벨 우승자가 나타나면 좋지만, 혹 정답을 맞히지 못하였어도 최종 우승자라고 축하해 주면 된다.

2. 야구 퀴즈

팀은 두세 팀으로 나누어 진행하며 한 팀의 인원은 다섯에서 여덟 명이 적당하다. 진행자는 먼저 칠판에 마름모꼴 야구 베이스를 팀의 개수만큼 그린다. 그 후 각 팀에서 한 명씩 나와서 진행자가 출제하는 문제를 맞히면 된다. 맞히지 못한 학생은 자리로 들어가고 맞힌 학생은 주사위를 던져 타격을 정하면 된다.

이 게임은 세 번에서 다섯 번 회전할 때까지 점수를 가장 많이 낸 팀이 이기는 방법이다. 교사는 문제의 과목을 다양화해야 한다. 가장 문제를 잘 맞히고 타격 성적이 좋은 친구에게 마지막에 '골든 글러브 상'을 수여하는 것도 좋다.

* 주사위에는 1루타(1루씩 이동), 2루타(2루씩 이동), 병살타(주자 2명 아웃), 홈런, 삼진 아웃(주자 이동 없음), 땅볼 아웃(자신만 아웃, 주자는 1루 이동) 등이 적혀 있으면 된다.
* 주사위가 아닌 추첨 방식을 이용해도 된다. 문제를 맞힌 학생이 타격이 적혀 있는 나무젓가락 여섯 개 가운데 하나를 뽑거나, 타격이 적혀 있는 쪽지를 추첨하는 방법도 좋다.
* 참여한 타자들이 문제를 알지 못하는 경우, 대기 타자들 가운데서 문제를 맞히도록 한다.
* 문제의 재미를 더하기 위해 난센스 퀴즈를 내는 것도 방법이다.
* 타순을 정확히 정해 참여하지 않는 학생이 없도록 해야 한다.

3. O, X 퀴즈

수업 끝 부분에 간단하게 퀴즈 형식으로 학습 내용을 정리하고 수업을 마무리할 때 적합하다. 학생들은 앉은 채로 손을 이용해 O, X 표시를 하면 된다.

운동장에서 진행할 경우, 문제를 주고 30초간 고민할 수 있는 시간을 준 다음 줄넘기 줄 또는 끈 등을 이용해 경계선을 표시하고 오답자는 탈락시키는 방식으로 진행할 수 있다.

4. 음악 퀴즈(마이크를 잡아라)

진행자는 학생들에게 어떤 노래의 MR(반주만 나오는 것)을 들려준다. 그리고 그 노래 제목을 아는 친구는 손을 들어 한두 소절 정도 부르면 정답자가 되는 것이다. 주로 학년 음악 교과서에 나오는 동요를 중심으로 진행하거나 건전 가요 등을 활용하면 좋다. 분위기 환기 차원에서 최신 노래의 MR을 구해 들려 준다면 몇몇 아이들의 끼가 발산되는 시간이 될 것이다. 클래식의 경우 작곡자 또는 제목을 맞히는 문제로도 활용할 수 있다.

수련회, 현장 체험 학습을 갔을 때, 노래방 기기가 준비된 경우라면 학생들이 알 만한 노래들을 미리 예약해 놓고 노래방 퀴즈를 진행하면 반응이 폭발적일 것이다. 모둠에서 정답을 맞히고 한 명이 마이크를 잡고 노래를 부르면 다른 친구들이 백댄서로 나와 참여하면 보너스 점수가 있다고 안내해 주면 더욱 좋다.

5. 스피드 퀴즈

각 분단 또는 조별 대표자 한 명이 나오도록 한다. 대표자는 자신의 팀원에게 제시된 단어에 대해 자세히 설명하도록 한다. 진행자는 단어가 제시된 스케치북 또는 단어 카드를 게임에 참여하는 팀원들의 뒤쪽에 서서 정답이 보이지 않도록 한다. 또 한 명의 진행자는 화면에 타이머를 작동시키고, 1분 동안 몇 개의 단어를 맞히는지 체크하도록 한다. 대표자는 타이머 시작과 함께 내용을 설명하고 내용이 어려울 경우 "통과"를 외칠 수 있다. 진행자는 가장 많이 맞힌 팀을 우승 팀으로 선정한다.

Tip

I. 단어를 참여자의 수준에 맞는 쉬운 영단어 또는 한자어 등을 제시하면 더욱 흥미로울 것이다. 만약 영어가 능숙한 참여자라면, 설명을 영어로 하는 것도 좋다.

2. 제시된 단어를 설명할 때 말하지 않고 오직 손짓, 발짓 등 몸짓으로 설명하게 하는 것도 방법이다. 이때 진행자는 공갈 젖꼭지를 준비하면 좋다.

추가 게임

정답으로 단어만 제시하는 것에서 벗어나, 문장을 제시하고 설명하는 학생을 통해 나머지 친구들이 정답 문장을 말하게 하는 것이다. 예를 들어 제시된 정답 문장이 "일어서야지."라고 한다면 설명하는 대표 친구는 "만원 버스에서 좌석에 앉아 있는데, 어르신이 타시면 어떻게 해야 돼?"라고 설명하면 된다. 대표 친구는 정답이 몇 글자인지 힌트를 주면서 어미를 정확하게 말할 수 있도록 한다.

6. 오픈 북 퀴즈

한 학기, 한 학년 공부를 모두 마치면서 할 수 있는 퀴즈 프로그램이다. 기존 퀴즈가 책 없이 정답을 생각해 내서 맞히는 것이라면, 오픈 북 퀴즈는 이름 그대로 책에서 정답을 찾아 맞히는 것이다. 즉 교사는 내용의 분량이 많거나 범위가 넓은 경우 오픈 북 퀴즈를 할 수 있다.

교사는 학생들이 꼭 알아야 할 내용들을 사전에 체크한 후 국어, 수학, 사회, 과학, 기타 과목을 순서 없이 문제를 출제한다. 이때, 누가 얼마나 많은 문제를 많이 맞혔는지 체크하기 위해 스티커를 준비한다. 학생들이 문제를 맞힐 때마다 스티커를 주고, 마지막에 스티커가 제일 많은 사람을 우승자로 선발하면 된다.

교사는 학생들에게 발언 기회를 고르게 나누어 주어야 한
다. 간혹, 누가 먼저 손을 들었는지 파악하기 힘든 경우가 있다.
따라서 손을 들면서 자신의 이름을 크게 말하도록 하면, 교사
는 쉽게 발표자를 선택할 수 있다. 또한 자리가 좋지 않거나 참
여 태도가 불량하면 발언 기회를 주지 않는 것도 방법이다.

중요도가 높은 문제의 경우 스티커를 두 개 이상 제공한다
고 안내하면 학생들의 집중력과 참여도는 두 배 이상이 될 것
이다.

7. 이미지 퀴즈

이미지 퀴즈는 모둠 또는 분단의 대표 학생 한 명(그림을 잘
그리는 학생)이 교실 앞으로 나와서 교사가 제시한 단어를 나타
내는 그림을 그리고, 모둠원들이 제한 시간 내에 단어를 맞히

는 것이다. 교사는 형태가 있는 물건들(책상, 의자, 사람, 전화 등) 그리고 추상적인 단어들(우정, 행복, 사랑, 슬픔, 그리움)을 적절히 섞어서 진행하면 좋다.

Tip

1. 점수 배점에서도 추상적인 단어들의 경우 점수를 두 배로 주는 것도 좋다.

2. 한 명이 그림을 그릴 경우 시간이 많이 소요되므로 두세 명이 동시에 그림을 그려 맞히는 것도 좋다.

3. 대표 학생들이 그린 그림은 지우지 않고 무엇을 의도한 것인지 발표해 보게 한다면 흥미로운 시간이 될 것이다.

■ 브레인 라이팅

시간 : 10분
준비물 : 종이, 필기도구
적용 가능 과목 : 전 교과
수업 효과 : 모둠에서 목소리 큰 친구의 의견이 대표 의
        견이 아니라, 모두가 생각을 내고 함께 협의
        하기 위한 방법이다.

　토론이나 토의에 앞서 학생들의 여러 아이디어를 끌어내기 위한 방법이다. 4~6명으로 구성된 모둠원이 한 장의 A4종이를 가지고 교사가 제시한 주제에 대한 자신의 생각을 두세 가지 작성한다. 그리고 종이를 오른쪽으로 돌린다. 자신의 생각을 넘기고 다른 학생의 종이를 넘겨받은 후 친구의 의견에 대해 자신의 생각을 덧붙이거나 이를 통해 새로운 아이디어가 떠오르면 적도록 한다. 마치 눈덩이 효과처럼 생각이 꼬리를 물고 큰 아이디어가 나오도록 하는 것이다.

　이렇게 모든 친구들의 생각에 대한 공유가 끝나면 수합하고, 분류하여 최상의 아이디어를 정하도록 한다.

■ 수학 릴레이

시간 : 20~30분
준비물 : 수학 문제, 바통, 테이블, 종이, 필기도구
적용 가능 과목 : 수학
수업 효과 : 릴레이 참여 선수 한 명 한 명의 역할이 중요
　　　　　하기에 서로서로 가르쳐 주는 학습 분위기가
　　　　　형성된다.

3~5명이 한 조가 되어 진행한다. 예를 들어 세 명이 한 조로 구성이 되면 각 조별로 릴레이 순번을 전해 출발 전에 한 줄로 서도록 한다. 출발 신호와 함께 첫 번째 주자는 약 30미터 앞에 있는 테이블에 놓여진 문제지를 향해 달려간다. 그런 후 문제를 열심히 풀고 교사가 정답을 확인해 도장을 찍어 주면, 문제지를 들고 다시 출발점으로 달려가 바통을 다음 친구에게 전달해 준다.

문제가 어려워 풀지 못할 경우, 세 가지 규칙을 선택하여 적용할 수 있다. 하나는 어려운 문제를 받아 풀지 못하면 문제지를 그대로 두고, 다음 친구에게 그대로 바통을 넘기는 것이다. 문제를 풀지 않은 친구는 맨 마지막에 다시 출발을 해야 한다. 즉 스피드 퀴즈에서 "패스"를 외치는 것과 같은 것이다.

다른 규칙 하나는 교사가 1차 힌트를 제공해 주는 것이다. 1분이 지나도 풀지 못하는 아이들에게 1차 힌트, 2분이 지나도 풀지 못하는 아이들에게 2차 힌트를 제공하는 것이다.

마지막 규칙은 학생 한 명이 문제가 어려워 풀지 못할 경우, 테이블에 준비된 SOS 피켓을 들면, 출발선에 서 있는 같은 팀

원 학생 한 명이 달려와 문제를 함께 풀어 주는 것이다. 단 SOS로 문제 풀이를 도와준 친구는 자신의 차례에 다시 달려와서 문제를 풀어야 한다.

수학 릴레이 최종 우승 팀은 팀원 모두가 교사에게 정답 확인을 받은 도장이 찍힌 문제지를 모두 가지고 있으며, 가장 빨리 미션을 수행하고 결승선을 골인한 팀이다.

Tip

처음에는 간단한 사칙연산 문제를 몸풀기 게임으로 진행하고 차츰 서술형 문제로 난이도를 높여 나가면 된다. 일반적으로 1분에서 최대 2분 정도 안에 풀이가 가능한 문제들로 구성하며, 학생들의 수학 실력을 고려하여 지나치게 어려운 문제는 지양한다. 진행에서 사전에 아이들에게 주지시켜야 할 것은, 학생마다 수학 능력이 천차만별이기 때문에 "누구 때문에 졌어."라는 말은 절대 하지 않기로 약속하는 것이다. 중요한 것은 팀을 이루어 미션을 수행하는 것이다.

■ 최고의 질문!

시간 : 30분
준비물 : 종이, 필기도구
적용 가능 과목 : 전 교과
수업 효과 : 문제를 출제해 봄으로써 문제에 대한 넓은
시각을 가진다.

이 활동은 4~8개 모둠으로 나누어서 진행한다. 예를 들어 1
·2·3모둠(A그룹), 4·5·6모둠(B그룹)으로 나누어 진행한다. 교
사는 A그룹에는 단어 25개를 제시한다.

거울, 국회의원, 액자, Apple, 멜로디언, 실과, 전화기,
Student, 2/3, 아인슈타인, Genius, 신문기자, 국회의사당,
브라질, School 등의 단어.

A그룹의 학생들은 B그룹의 학생들이 위의 제시된 단어를 맞
힐 수 있도록 적절한 질문을 작성하도록 한다. B그룹에도 25개
의 단어가 제시되는데, A그룹과는 다른 단어들로 구성된다. 영
어 답안은 영어로 질문을 해야 한다. 각 모둠에서는 각 단어에
대해 최소 질문 두세 개씩 준비한다. 교사는 국어, 수학, 영어
등의 교과 문제에서 상식, 시사 단어들을 활용하면 좋다.

모둠별로 질문 작성이 모두 끝나면 게임이 시작된다. A그룹
의 1·2·3 모둠 조장이 나와서 질문 순서를 정하도록 한다. 예
를 들어, 1모둠-2모둠-3모둠 순이라면 1모둠부터 단어가 제시

된 순서대로 첫 번째 단어에 대한 질문을 시작한다.

'거울'이라는 단어를 두고, 1모둠에서 "매일 아침에 세수하고 나서 보는 것은?"이라고 질문하면 4·5·6 모둠에서 질문을 듣고 문제를 맞히는 것이다.

(이때, 4·5·6 모둠에서는 교사에게 발언권을 부여받아 이야기할 수 있다. 각 모둠별로 고루고루 기회가 가도록 해야 한다.)

첫 번째 질문에 대해 대답할 수 있는 기회는 한 번, 즉 B그룹의 학생 중에 첫 번째 질문을 듣고 엉뚱한 답을 하면 바로 2모둠에서 다음 질문을 하고 B그룹에서 다시 발언권을 얻어 정답을 이야기한다. 2모둠의 질문을 B그룹에서 맞혔다면, 다음 3모둠에서 질문을 이어 간다. 이와 같은 방법으로 정답을 많이 맞힌 팀과 우수한 문제를 출제한 팀이 우승 팀이 된다.

■ 명작 감상

시간 : 20~30분
준비물 : 명화 사진, 종이, 필기도구
적용 가능 과목 : 미술
수업 효과 : 명화에 대한 이해와 감상 태도를 기른다.

교사는 세계적으로 유명한 그림의 이미지를 준비한다.

해바라기(고흐), 공작이 있는 풍경, 해변의 두 소녀(고갱), 정원의 여인들, 점심(모네), 해바라기가 있는 풍경, 기대, 닭들이 있는 정원의 작은 길(클림트) 등등.

교사는 화면으로 작품 하나를 보여 주고 학생들이 제목을 맞혀 보도록 한다. 이때 제목을 맞히면 100점, 독창적인 아이디어로 제목과 이에 걸맞은 이유를 제시한다면 200점을 주도록 한다. 즉 미술적 지식을 아는 것도 좋지만, 나름대로의 시각으로 작품을 감상하는 것에 초점을 두는 것이다. 학생들이 다른 모둠에서 말하는 제목과 이유를 듣고 공감을 한다면 박수를 치도록 한다.

■ 달력으로 수학!

시간:20~30분
준비물:달력, 동전, 종이, 필기도구
적용 가능 과목:수학
수업 효과:게임과 학습을 접목함으로써 흥미와 동기를
        높일 수 있다.

교사는 숫자가 크게 씌어진 달력 넉 장과 10원짜리 동전 네
개를 준비한다. 교사는 3~4미터 정도 거리로 달력을 펼쳐 놓
고, 출발선을 정해 준다. 모둠별로 대표 학생이 한 명씩 나와서
출발선에서 동전을 하나씩 던진다. 나온 숫자를 차례로 더해서
가장 많은 수가 나온 팀이 이기게 되는 게임이다. 만약 동전이
애매한 자리에 놓여져 있다면 가장 가까운 자리에 있는 숫자로

정하도록 한다. 그리고 동전이 달력 바깥으로 나간 경우는 '꽝'으로 하고 0으로 계산한다.

교사는 학생들의 연산 능력을 고려하여 게임을 변형할 수 있다. 예를 들어, 사칙연산을 활용해서 □+□-□×□와 같이 여러 가지 변수들을 주면서 게임을 진행하면 더욱 흥미진진해진다.

Tip

만약 저학년이라면, 동전을 던져 나온 수가 31이면 3+1, 27이면 2+7과 같이 각 자릿수를 더한 값을 최종 수로 정해도 좋다.

■ 나도 작가

시간 : 20분
준비물 : 종이, 필기도구
적용 가능 과목 : 국어, 창의적 체험 활동
수업 효과 : 주어진 단어로 다양한 이야기가 전개됨에 따
라 상상력과 창의력을 자극한다.

학생들이 주어진 단어들을 사용해서 창의적으로 순발력 있게 이야기를 꾸미는 활동이다.

첫째, 선생님이 칠판에 몇 가지 단어 카드를 제시해 놓는다.

치과, 발명가, 빵, 노래 등등.

둘째, 모둠으로 구성된 아이들 가운데 한 명이 대표로 나와서 즉석에서 주어진 낱말들을 활용해서 자신만의 이야기를 만들어 간다.

한 사람이 있었어. 지난 밤 사탕을 먹고 잤더니 이가 너무 아빠서 치과에 갔지. 그런데 이번에 발명가가 새롭게 발명한 칫솔이라고 의사가 추천을 하는 거야.

셋째, 각 모둠마다 대표 아이들이 발표를 하고 심사를 해서 가장 높은 점수를 받은 아이가 사탕을 받는다.

■ 나도 작가(변형 게임)

시간:20분
준비물:종이, 필기도구
적용 가능 과목:국어, 창의적 체험 활동
수업 효과:주어진 단어로 다양한 이야기가 전개됨에 따
        라 상상력과 창의력을 자극한다.

주어진 단어들을 임의로 사용해서 어떠한 이야기를 재미있
고 창의적으로 꾸미는 활동이다.

첫째, 모둠별로 대표 학생이 교실 앞에서 나온다.

둘째, 선생님은 모둠 두 개를 선별해서 아이들에게 특정 단
어를 종이에 적고 종이비행기를 접어 칠판 쪽으로 날리게 한다.
그러면 대표 학생은 이야기 중간 중간에 비행기를 하나씩 집어
서 종이에 적힌 단어를 활용해서 이야기를 이어 나가는 것이다.

남자아이가 여자아이를 많이 좋아했어. 그래서 고백을 하
려고 선물을 준비하고 여자아이한테 좋아한다고 말했지.
그런데 여자아이가 선물을 열어 보고 깜짝 놀랐어. 그곳에
는 (종이비행기에 적힌 말: 구멍 뚫린 양말)이 있었던 거야.

셋째, 이야기가 모두 끝나면 거수로 가장 재미있었던 이야기
를 선발하면 된다.

*영어 시간이라면, 아이들이 영어 단어를 적어 보게 하고 간단한 영어와 몸동
작으로 게임을 진행해도 재미있다.

■ 키워드 글짓기

시간 : 30분
준비물 : 종이, 필기도구
적용 가능 과목 : 국어, 창의적 체험 활동
수업 효과 : 무엇을 써야 할지 모르는 아이들에게 적절한
　　　　　 키워드 제시로 글쓰기의 문턱을 낮춰 준다.

현장 체험 학습, 방학, 발표회 등을 마치고 아이들에게 소감문을 적어 보라고 하면 무엇을 적어야 할지 우물쭈물하는 경우가 많다. 그래서 학생들에게 5~10개의 주요 키워드를 제시하고 교사가 제시한 단어를 활용해서 글짓기를 하는 활동이 필요하다. 다음과 같은 순서로 진행한다.

우선 현장 체험 학습 소감문 작성을 위한 키워드 여덟 개를 칠판에 적는다.

깜짝 놀랐다, 신기했다, 친구, 기억, 웃겼다, 갑자기, 학교, 부모님…….

다음으로 학생들이 소감문을 작성하고 여덟 가지 키워드에 맞춰 작성했는지 다 함께 발표하는 시간을 가지도록 한다. 먼저 조원들끼리 발표하고, 반 학생들에게 발표한다. 제일 재미있게 발표한 모둠에게 시상을 하면, 더욱 적극적으로 참여할 것이다.

■ 피라미드 토의

시간 : 20분
준비물 : 종이, 피라미드 활동지, 붙임 딱지
적용 가능 과목 : 사회, 도덕, 국어, 창의적 체험 활동
수업 효과 : 의견의 다양성을 인정하고 주장과 근거를 적
          절하게 제시하는 훈련을 할 수 있다.

수업 중에 모둠 친구들이 각자 의견을 내서 모둠 의견을 모으는 과정을 보면 대부분 다수결에 의하거나 목소리가 큰 친구나, 똑똑한 아이의 의견이 대표 의견으로 채택되는 경우가 많다. 따라서 적절한 방법과 절차로 의견이 모아지고 정해질 수 있는 방법을 소개한다.

아래 표와 같이 모둠원이 다섯 명이라면 다섯 명이 맨 아래쪽 칸에 자신의 의견을 쓴 붙임 종이를 빈칸에 붙인다. 다음 협의 후, 의견을 네 개로 좁이고 차례로 최종 한 개의 의견으로 좁이는 토의를 하면서 대표 의견을 정하는 것이다.

■ 메모리 게임

시간 : 10분
준비물 : 종이, 필기도구, 단어 카드
적용 가능 과목 : 전 교과
수업 효과 : 복습 과정에 게임적 요소를 더해서 적극적인
　　　　　 참여 유도와 중요 내용을 상기하는 효과가
　　　　　 있다.

　지난 시간에 배운 내용을 복습할 때, 일반적으로 막연히 교사가 설명하고 본 차시 수업을 진행하는 경우가 대부분이다. 교사가 화면에 단어를 한 번에 하나씩 총 스무 개를 제시한다. 상황이 여의치 않다면, 8절지 도화지 한 장에 한 단어를 적고 종이 스무 장에 적힌 단어를 하나씩 보여 준다.

　이때, 게임 미션은 모둠원들이 협력하여 선생님이 제시하는 단어 스무 개를 모두 맞히는 것이다. 모둠원들은 선생님이 단어를 제시하는 동안에 절대 필기도구를 사용할 수 없다. 게임이 시작되고 마칠 때까지 절대 말을 할 수 없는 '침묵 시간'이다.

　선생님이 단어 스무 개를 제시한 후, 모둠장 한 명이 종이 한 장을 꺼내 자신이 기억하는 단어를 개수 제한 없이 적는다. 이후 다음 친구가 모둠장이 적지 않은 단어들을 적는다. 이때 절대 말을 하거나, 옆에서 도와주어서는 안 된다. 자신의 차례가 왔을 때 기억하는 단어를 적고 다음 친구에게 넘겨주는 것이다.

　모둠원이 모두 활동을 마치면 모둠장이 활동지를 칠판에 붙여 가장 많이 적은 팀이 이기는 게임이다.

제4장
즐거운 학교생활을 위한 게임

■ 멀리 날리기

시간:10분
준비물:풍선, 종이, 물 로켓 등
적용 가능 과목:창의적 체험 활동
수업 효과:게임을 통해 아이들이 서로 마주 보며 웃을
　　　　　수 있고, 서로 도와주고 이끌어 주며 교우 관
　　　　　계 개선 효과가 있다.

1. 알쏭달쏭 풍선

대표자 게임으로 7~8명을 선발하도록 한다. 무대로 올라온 참여자들과 간단한 인터뷰를 실시한다. 그런 다음 풍선을 나누어 준다. 풍선을 크게 불되 터트리지는 않아야 하며, 마지막에 묶지 않고 잡고만 있도록 한다. 무대를 기준으로 앞쪽으로 풍선이 멀리 날아간 사람이 이긴다. 이때 풍선이 뒤로 날아간 경우는 아무 소용없다. 진행자는 한 사람씩 차례대로 날리도록 한다.

진행자는 덩치가 큰 사람이 작은 풍선을 분 경우, 또는 작은 풍선이 멀리 날아간 경우 등을 인상 깊게 언급해 주면 웃음을 자아낼 수 있다.

2. 날아라 비행기

게임이 진행되는 곳이 넓은 강당이라면, 진행자는 모둠을 구성하고 모둠별로 도화지를 열 장씩 나누어 준다. 그리고 각자 나름대로 가장 멀리 날아갈 수 있는 비행기를 접으라고 한다. 이때 시간은 15분 정도가 적당하다. 학생들은 나름대로 전략을

가지고 비행기의 모양을 다양하게 해서 가장 멀리 날아갈 수 있는 비행기를 모둠에서 실험과 회의를 거쳐 정하도록 한다. 제한 시간이 종료되면 각 모둠 대표가 무대 위로 올라와 순서대로 날리도록 한다. 이때, 가장 멀리 날아간 비행기가 우승 팀이 된다.

3. 물 로켓 날리기

넓은 운동장 또는 야외에서 수업이 진행된다면, 미리 개인별 또는 모둠별로 만든 물 로켓을 발사시켜 가장 멀리 날아가는 로켓을 정하도록 한다. 교사는 사전에 발사대를 준비하고 안전사고에 대비해 물 로켓이 이동하는 방향에 학생들이 있지 않도록 주의한다.

TIP

대표자 게임에서 참여 선수 선발 방법

첫째, 난센스 퀴즈를 내서 정답을 말하는 사람을 무대로 나오게 하는 방법

둘째, 조장을 나오게 한 후, 조장에게 각 조에서 "예쁜 사람 O명" 또는 "잘생긴 사람 O명" 등의 미션을 주어서 나오게 하는 방법

셋째, 어린이의 경우, 무대로 나오는 것에 두려움이 없어 서로서로 무대로 나와서 게임에 참여하려고 한다. 따라서 이때는 난센스 퀴즈, 수수께끼, 행사 관련 퀴즈를 출제해서 맞히는 사람에게 대표자 게임에 참여할 수 있도록 하는 것이 방법이다.

넷째, 사회자는 풍선 서너 개를 참여한 사람들에게 주고, 누구나 알 만한 동요(고향의 봄, 과수원 길, 풍당풍당)에 맞춰 옆 사람에게 전달하도록 한다. 노래가 끝났을 때, 풍선을 가진 사람이 무대로 나오도록 하는 방법이다.

TIP

대표자 게임에서 참여 선수와의 인터뷰

사회자는 무대로 나온 사람들과 간단한 인터뷰를 실시하게 된다. 이때 적절한 질문들을 기억하고 있으면 진행이 매끄러울 수 있다.

1. 간단한 자기 소개 부탁드립니다.

2. 결혼은 하셨습니까? 미래의 결혼 배우자로서 갖추어야 할 중요한 조건 세 가지를 말씀해 주세요.

3. 즉석에서 자신의 이름 석 자로 자신을 멋있게 소개해 보겠습니다. 준비되셨나요?

4. (특이한 액세서리, 특별한 옷차림) 오늘의 의상 콘셉트는 무엇입니까?

5. (유명 인사와 닮은꼴인 경우) OOO님 오늘 귀한 자리에 시간 내어 주셔서 감사드립니다. 누구 닮았다는 이야기 많이 들으시죠?

6. (어르신인 경우) 올해 몇 학년 몇 반이신가요?

7. 나만의 개인기가 있으십니까?

■무엇이 다를까요?

시간:20~30분
준비물:교사 준비물은 없음. 학생들이 필요에 의해 창
의적으로 준비
적용 가능 과목:창의적 체험 활동
수업 효과:모둠원들이 서로 협의하고 미션을 수행하여
소통할 수 있는 기회를 갖는다.

모둠 대항 게임이다. 각 모둠은 4~6명이 적당하다. 한 모둠 전원이 교실 앞으로 1열 횡대로 선다. 그리고 나머지 학생들은 앞에서 모둠 친구들의 모습을 30초 동안 관찰하고 모두 책상에 엎드린다. 이후, 앞에 나온 모둠 학생들은 이전과 다른 액세서리, 옷차림, 손 모양, 안경 착용, 스티커 부착 등으로 변화를 준다. 변장이 끝나면, 엎드렸던 모든 친구들이 일어나 앞에 선 학생들의 변화를 살피고 말하도록 한다. 교사는 변화를 맞춘 팀에게 점수를 부여하고 확인하도록 한다.

추가 게임

마찬가지로 모둠 대항 게임이다. A모둠은 교실 앞에 서 있고 나머지 친구들은 자리를 적당히 바꾸도록 한다. 자리 배치가 끝나면 A모둠은 바뀐 자리를 전략을 가지고 역할 분담해 기억해 둔다. A모둠 전원이 밖으로 나가 복도에 앉아 있는 동안, 나머지 학생들은 자리에 적당히 변화를 준다.

이때 나머지 학생들은 이전 자리를 반드시 기억하고 있어야 한다. 자리 재배치가 끝나면 A모둠 학생들은 교실로 들어와 앞

서 친구들이 앉았던 자리에서 생긴 변화를 하나하나 이야기한
다. 교사는 A모둠에서 좌석 변화를 이야기할 때, 해당되는 학
생들이 자리로 돌아가도록 하고, 점수를 부여하도록 한다. 이와
같은 방법으로 모든 모둠이 게임을 진행하고 점수가 높은 모둠
이 우승 팀이 된다.

■ 이구동성

시간 : 20분
적용 가능 과목 : 전 교과
수업 효과 : 학생들이 집중해서 활동에 참여하고 외치는
            단어가 학습과 연관되어 있어 복습 효과도
            있다.

조별 대항 게임이다. 조별로 함께 외칠 단어를 정하고 교실 앞에서 동시에 함께 외치면 다른 조에서 외치는 단어를 맞히는 것이다. 예를 들어 A조에서 '오리온'이라는 단어를 정했다면 A조 팀원 세 명이 교실 앞에 나와서 한 명은 "오"를, 다른 한 명은 "리"를, 마지막 한 명은 "온"을 외치는 것이다. 나머지 B조, C조, D조는 A조에서 정한 '오리온'을 맞히면 된다.

Tip

영어 진행도 가능하다. 예를 들어, A조에서 'apple'이라는 단어를 정했다면 마찬가지로 한 명씩 a, p, p, l, e를 큰 소리로 외치고 나머지 조에서 이를 조합해 apple을 맞히면 된다.

교사가 이전 수업이나 현재 수업에 언급된 단어를 활용하라고 사전에 지도하면 아이들의 학습과 접목된 게임이 될 것이다.

■ 깡통 숨바꼭질

시간 : 20~30분
준비물 : 깡통
적용 가능 과목 : 체육
수업 효과 : 신 나게 뛰어다니고, 소리 지르며 움직이고
싶은 욕구를 발산할 수 있다.

학생 10~15명 정도가 함께 참여할 수 있는 게임이다. 따라서 남녀를 구분해서 각각 게임을 진행하면 좋다. 특정한 자리에 깡통을 하나 세워 둔다. 그리고 술래를 정한다. 게임이 시작되면 술래가 아닌 학생이 깡통이 놓인 자리에 가서 깡통을 멀리 찬다. 그러면 술래는 깡통을 주워서 원래 자리에 옮겨 놓는다. 이 사이에 다른 학생들은 급히 몸을 숨기도록 한다. 술래는 깡통을 자리에 옮겨 놓는 순간부터 친구들을 찾을 수 있다.

"나무 뒤에 김영훈!"

친구를 찾으면 크게 외쳐 아웃 시킨다. 그러면 술래는 깡통을 차면서 이번 게임의 종료를 알린다. 모든 친구들은 다시 깡통 쪽으로 모이고 술래가 김영훈임을 확인한다. 그리고 다른 친구가 깡통을 차면서 다음 게임이 이어지게 된다.

Tip

깡통 숨바꼭질은 다양하게 게임 변경이 가능하다. 술래가 다른 친구를 아웃 시키는 것을 목소리로 외치는 것 대신에 등을 쳐서 아웃 시키는 "찜"을 적용하는 것이다.(단, 이때 깡통은 원래 자리에 있어야 한다.) 그러면 숨어 있던 친구가 술래에

게 발각이 되면 재빨리 깡통 쪽으로 달려가 깡통을 차려고 할 것이다. 술래는 친구를 아웃 시키기 위해 노력할 것이고, 정체가 들어난 친구는 깡통을 차고, 다시 숨을 수 있는 기회를 얻으려고 한다.

그리고 다른 친구가 정체가 드러난 친구를 위해 도울 수 있다. 중요한 것은 깡통이 원래 자리에 있지 않으면 술래는 친구들을 아웃 시킬 수 없다는 것이다. 따라서 정체가 드러나 게임이 종료될 위기에 처하면 다른 친구가 달려가 깡통을 차고 다시 숨을 수 있도록 하는 것이다. 따라서 교사는 술래를 두세 명으로 놓고 진행해도 좋다.

■ 눈싸움 경기

시간:20분
준비물:풍선, 신문지, 볼풀공, 둥근 스티로폼
적용 가능 과목:체육
수업 효과:한바탕 신 나게 던지고, 소리 지르며 활동할
        수 있다.

이 놀이는 단체전 게임이다. 따라서 전체 인원을 두 개 이상의 팀으로 나눈다. 순서는 다음과 같다.

1. 양팀 놀이 참가자는 한 줄로 서서 서로 마주 본다.
2. 진행자는 중간 지점에 줄다리기 줄 또는 단체 줄넘기 줄 등을 이용하여 경계선을 표시한다.
3. 사방에 신문지, 풍선, 볼풀공 등을 펼쳐 놓는다.
   신문지는 한 장을 구겨서 동그랗게 눈덩이처럼 만들면 된다. 풍선은 불어서 적당한 크기로 묶어 놓아두면 된다. 너무 크게 불면 놀이 중간에 터지게 된다.
4. 각 물체가 뜻하는 점수를 알려 준다.
   (신문지는 -10점, 볼풀공은 -30점, 풍선은 -50점)
   따라서 각각의 물체가 자신의 진영에 있으면 점수는 마이너스가 되기 때문에 상대편 진영으로 신문지, 볼풀공, 풍선을 던지는 것이다.
5. 진행자의 호루라기 소리에 맞춰 경기는 시작되고, 보통 1분여 정도 시간을 주고 경기를 종료시킨다.

(학생들의 경우 승부욕이 지나쳐서 종료 호루라기 소리에도 불구하고 계속해서 물체를 던지려고 하는데 이때 질서 점수를 활용하면 좋다. 즉 호루라기 소리에 맞추어 먼저 줄을 맞추어 서는 팀에게 보너스 점수를 부여하는 것이다.)

6. 경기 결과는 신문지, 볼풀공, 풍선 등이 적은 쪽이 승리하게 된다. 만약 진행자가 눈짐작으로 판단하기 힘든 경우, 양팀의 질서, 응원의 함성, 박수 소리 등을 고려하여 승리 팀을 정해도 좋다.

*주의점:이 놀이를 진행할 때, 좁은 공간 또는 책상, 테이블 등 위험 요소가 있는 경우는 주의해야 한다. 또한 사람이 많을 경우 신문지, 볼풀공, 풍선 등을 넓게 펼쳐 놓고 사람들이 한쪽으로 몰리는 것을 방지할 수 있다.

■ 핸드폰 게임

시간 : 20분
준비물 : 핸드폰
적용 가능 과목 : 창의적 체험 활동
수업 효과 : 언제 어디서든, 누구나 쉽게 할 수 있는 게임
이다.

학생 대부분이 가지고 있는 핸드폰을 이용한 게임이다. 혹 없는 학생이 있다면 2인 1조로 구성하여 게임을 진행해도 무방하다.

첫 번째 게임

1. 진행자는 참여자 모두가 핸드폰을 가지고 게임에 참여할 준비가 되었는지 확인한다.
2. 진행자는 먼저 메시지 내용을 알려 준다.(예, 독도는 대한민국의 영토이다.) 그리고 진행자 자신의 핸드폰 번호 가운데 맨 마지막 번호를 제외하고 알려 준다.(예:010-1234-567X) 그리고 참여자가 마지막 번호를 추측하여 제시된 내용을 메시지로 전송한다.
3. 진행자는 가장 먼저 도착한 참여자의 번호를 알려 주고 게임 승리자를 알려 준다.

두 번째 게임

1. 진행자의 핸드폰 번호가 공개된 후, 이제는 가장 먼저

메시지 내용을 입력해서 전송하는 사람이 승리하는 게임이다.

2. 진행자는 참여자들에게 다시 한 번 정확한 핸드폰 번호를 알려 준다.

3. 마지막으로 메시지 내용(예:동해물과 백두산이 마르고 닳도록 하느님이 보우하사)을 불러 주며 정확하게 메시지를 진행자의 휴대폰으로 전송하는 사람을 알려 준다. 진행자는 영문으로 된 메시지 내용을 불러 주어도 좋다.(예:You raise me up. Have a great day.)

세 번째 게임

1. 진행자는 핸드폰으로 문자 메시지를 보내는 데 자신 있는 학생을 열 명 정도 무대로 선발한다. 각 팀별 대표를 선발해도 좋다.

2. 학생들은 부모님께 "사랑해요."라고 문자 메시지를 동시에 보내고 가장 먼저 부모님에게서 답이 오는 학생이 우승자가 되는 것이다. 진행자는 1위에서 3위까지 선발해서 시상을 하면 된다.

3. 진행자가 부모님으로부터 오는 답신 메시지를 관람하는 학생들에게 소개하면 분위기는 훈훈해질 것이다.

■ 신문지 위에서

시간 : 20분
준비물 : 신문지
적용 가능 과목 : 창의적 체험 활동
수업 효과 : 모둠원들 간의 팀워크 상승 및 협동심 배양
효과가 있다.

신문지에 팀원들이 모두 올라서서 3초를 버티는 게임이다. 신문지는 안전지대이고 신문지가 아닌 곳은 낭떠러지라고 설명하고 팀원들이 아이디어를 발휘하고 협동하여 게임에 참여하도록 한다.

1. 팀을 구성한다. 한 팀당 3~5명 정도가 적당하다.
2. 신문지를 펼치고 팀원 모두가 신문지 위에 올라가 3초를 버티면 '성공'이라고 알려 준다.
3. 첫 번째 단계에 성공하면, 신문지를 반으로 접고 팀원들은 도전한다. 이처럼 신문지를 계속 반으로 접어 가며 팀원들은 계속 도전한다.
4. 탈락 기준은 3초간 버티지 못할 경우이며, 손이나 발 등 신체 일부가 신문지가 아닌 바닥에 닿으면 이 또한 탈락으로 처리한다.

Tip

1. 게임에서 이기기 위해, 학생들은 서로 안거나 업게 되는데 다치지 않도록

사전에 안전 지도를 해야 한다.

2. 시작 전에 파이팅을 함께 외치게 하면 분위기는 더욱 고조된다.

■일심동체

시간 : 20~30분
준비물 : 셀로판지 또는 도화지, 호루라기, 문제
적용 가능 과목 : 영어
수업 효과 : 문제를 집중해서 듣고 서로 협력해서 재빨리
          정답을 구성하기 위한 의사소통 능력을 기를
          수 있다.

교사는 남학생 팀과 여학생 팀으로 구성한 후, 학생들 가슴에 A, B, C, D 알파벳이 적힌 셀로판지를 붙여 주고 알파벳 순서대로 각 팀이 한 줄로 서고 두 팀이 서로 마주 보고 서게 한다. 이때 두 팀은 다소 먼 거리에서 마주 보도록 선다. 이는 문제를 듣고 정답에 해당하는 문자를 맞혀 나갈 때 상대 팀에게 정보가 누설되지 않도록 하기 위함이다. 그리고 교사는 셀로판지에 알파벳을 적을 때, 모음(A, E, I, O, U)을 먼저 쓰고 나머지 자음은 학생 수에 맞춰 쓰면 된다. 멀리서도 문자가 보일 수 있도록 크게 쓰면 좋다.

두 팀이 마주 보고 선 가운데, 교사는 문제를 낸다.

"나는 다리가 네 개이고, 사람들은 나를 집에서 많이 키웁니다. 여름에는 사람들이 내 친구들을 음식으로 먹어 슬픕니다. 나는 겨울에는 극지방에서 썰매를 끌기도 합니다. 나는 누구일까요?"

그럼 정답에 해당하는 글자가 가슴(dog)에 있으면 한 발 앞

으로 나와 다른 친구들과 글자를 조합해 정답을 만들고, 나머지 친구들은 자리에 앉으면 된다. 가장 먼저 정답에 맞서 서는 팀이 이기게 된다.

■ 반복되는 대답

시간: 10~20분
준비물: 없음(벌칙으로 뿅망치)
적용 가능 과목: 창의적 체험 활동
수업 효과: 재미있고 기발한 질문을 통해 교실이 웃음바다가 되고 자유로운 분위기가 형성된다.

각 팀의 대표 학생 세 명씩 선발하도록 한다. 경기는 각 팀에서 한 명씩 나와 두 명이 서로 마주 보고 서서, 한 명이 질문을 하고 다른 한 명은 "당연하지.", "그럼.", "아니."를 질문 내용에 관계없이 계속적으로 대답하면 된다. 이때 누가 질문을 하고 답을 할지 정하는 것은 가위바위보를 통해 정해도 되고, 첫 번째는 A팀 대표가 질문, 두 번째는 B팀 대표가 질문, 세 번째는 가위바위보로 결정해서 진행해도 된다.

게임 진행의 예는 다음과 같다.

"영희의 취미는 수학 공부하는 거지?"
"당연하지."
"우리 반 친구들을 위해 노래 불러 줄 수 있지?"
"그럼."
"이번 게임에 이길 것 같아?"
"아니."
"우리 반에 좋아하는 애 있어?"
"당연하지?"

이와 같이 한 명은 계속 질문을 하고 다른 한 명은 "당연하지." "그럼." "아니."라는 대답만 반복한다. 이때 질문에 답을 하거나, 세 가지 대답의 순서가 틀리면 경기에서 지는 것이다. 그리고 질문하는 사람은 질문이 중간에 끊기거나 머뭇거리게 되면 경기에서 지는 것이다. 이때 질문하는 사람이 상대방을 인신공격하거나 비난하는 등의 질문을 하면 패한다는 것을 알려 주도록 한다. 또한 대답하는 사람이 "당연하지-그럼-아니"를 순서를 지켜 열다섯 번 이상 완벽하게 해내면 이긴다는 규칙을 정해 진행해도 좋다.

Tip

'Of Course-Yes-Oh, No'처럼 영어로 대답하는 것으로 게임 방법을 약간 수정해서 진행해도 좋다.

■ 단체 가위바위보

시간 : 10~20분
준비물 : 없음(게임에 따라 스티커)
적용 가능 과목 : 창의적 체험 활동
수업 효과 : 분위기 집중을 위한 활동이다.

단순한 게임이지만 분위기 집중에 좋은 게임이다.

1. 1:다多

교사와 학생이 함께하는 가위바위보 게임이다. 학생은 모두 손을 높이 들고 게임에 참여한다. 교사가 가위를 내면, 바위(이긴 사람) 또는 가위(비긴 사람)를 낸 사람은 생존하고 보(진 사람)를 낸 사람은 손을 내리면서 게임에 더 이상 참여할 수 없다.

또는 교사와 학생 모두 양손을 모두 높이 들고 가위바위보

를 한다. 그리고 "하나 빼기"를 외치며 게임에 긴장감을 더할
수도 있다.

2. 지는 것이 이기는 것

교사와 아이들이 1:多로 참여하는 가위바위보 게임인데,
이번에는 이긴 사람은 탈락하고 비기거나 진 사람이 생존하는
방식으로 진행할 수 있다.

3. 스티커를 이용한 가위바위보

일 인당 반 학생 수만큼 스티커를 배부한다. 그리고 학생들
은 친구들과 가위바위보를 하는데 한 사람과 한 번 승부를 가
르도록 한다. 이때, 가위바위보에서 진 사람은 스티커를 한 장
떼어 이긴 사람 얼굴에 붙여 주도록 한다. 이와 같은 방법으로
모든 친구들과 가위바위보를 해서 가장 많이 이긴 사람, 즉 가
장 많은 스티커를 얼굴에 붙이고 있는 사람이 최종 우승을 하
게 되는 것이다.

Tip
1. 학기 초에 서로 인사하며, 친해지기 위한 게임으로 활용하면 좋다.
2. 혹, 여학생들이 얼굴에 스티커 붙이는 것을 꺼린다면 손등에 붙이는 것도 방
   법이다.
3. 한 친구와 한 번 승부한다는 것, 자신의 스티커를 자신의 얼굴에 붙여서는
   안 된다는 것을 알려 주어야 한다. 반칙을 방지하기 위해서 스티커에 번호
   를 네임펜으로 써 놓고 해당 번호 학생과의 승부에만 사용할 수 있도록 하는

것도 방법이다.

4. 최종 게임 후, 스티커를 많이 가진 친구 세 명을 교실 앞에 세우고 손을 사용하지 않고 오직 얼굴 근육만 이용해서 얼굴의 스티커를 떼어 내게 하는 게임을 진행해도 반응이 좋다.

4. 가위바위보 서바이벌

간혹, 교실에서 간식을 먹고 몇 개 남는 경우가 있다. 이런 경우, 토너먼트 형식으로 가위바위보 게임을 진행한다. 먼저 짝과 가위바위보, 이긴 사람은 뒷자리의 승자와 가위바위보……, 이처럼 승자들만 가위바위보를 해서 최종 우승자에게 간식을 먹을 수 있는 기회를 주는 게임이다.

5. 몸으로 하는 가위바위보

발로 하는 가위바위보는 두 발을 붙이면 '바위', 두 발을 옆으로 벌리면 '보', 두 발을 앞으로 벌리면 '가위'로 정한다.

또 몸 전체로 하는 가위바위보는, 두 팔을 45도 각도로 올려 가위 모양을 만들면 '가위', 몸을 웅크려 앉으면 '바위', 양팔과

다리를 옆으로 넓게 벌리면 '보'로 정하고 게임을 진행한다.

입으로 하는 가위바위보는 입을 위로 벌리면 '가위', 입술을 옆으로 벌리면 '보', 입술을 모아 앞으로 내밀면 '바위'로 정한다.

6. 가위바위보 릴레이

각 팀의 인원수를 동일하게 해서 두 개 팀으로 나눈다. 그리고 각 팀의 대표자를 한 명씩 선발하도록 한다. 각 팀 대표자는 각 10미터 정도 떨어진 곳에 서 있고, 출발 신호와 함께 팀원 한 명씩 상대편 대표자에게 달려가 가위바위보를 한다.

팀원은 상대편 대표자에게 가위바위보를 이길 때까지 계속해서 가위바위보를 하도록 한다. 만약 팀원이 이기면, "앗싸!"를 크게 외치고 다시 출발선으로 달려와 다음 팀원에게 바통을 넘겨주면 된다. 이와 같은 방식으로 가장 먼저 모든 팀원이 가위바위보를 마치고 결승선에 들어오면 이기게 되는 것이다.

7. 동요와 함께 가위바위보

짝이 서로 마주 보고 두 손바닥을 부딪치며 노래를 부른다.

♬♪
홀랄라랄라 홀랄라랄라 홀랄라랄라 가위바위보

또는 짝이 서로 왼손을 맞잡고 퐁당퐁당 노래를 부르며 중간중간 가위바위보를 해서 이긴 사람이 진 사람의 손등을 살짝 치는 것도 좋다.

■달라지는 악센트

시간:15분
적용 가능 과목:창의적 체험 활동
수업 효과:모둠원이 협력하여 미션을 수행함으로써 팀
워크 상승의 효과가 있다.

각 모둠별로 발음이 정확한 친구, 또는 말을 잘하는 친구를 한 명씩 선발하도록 한다. 학생들은 교사가 특정 단어를 제시하면, 처음에는 단어의 첫 음절에 악센트를 주어 발음하고, 두 번째는 단어의 두 번째 음절, 세 번째는 세 번째 음절……, 이처럼 순서대로 강세의 변화를 주면서 정확히 발음하는 친구가 우승하게 되는 것이다.

교사가
'찹쌀 바게트'를 제시하면,
학생들은
"찹쌀 바게트
찹쌀 바게트,
찹쌀 바게트,
찹쌀 바게트,
찹쌀 바게트."라고
악센트를 살려 발음해야 성공인 것이다.

교사가 제시하는 단어는 학교 이름을 비롯하여 '내 짝이 최고', '안흥 팥 찐빵', '콩깍지 깍지', '찜 샤브샤브' 등이 있다.

■시장 보기 게임

시간:20분
적용 가능 과목:창의적 체험 활동
수업 효과:미션을 수행함으로써 친구의 물건에 관심을 갖게 되고, 사연이 있는 물건을 확인하고 친구를 더 이해할 수 있는 기회가 된다.

이것은 학생들의 소지품을 활용한 게임으로 각 모둠 또는 각 분단의 대표자 한 명이 나와 교사가 지정한 물건들을 가장 빨리 가져오는 게임이다.

1. 각 분단의 대표자를 선발하도록 한다.
2. 대표자는 교사가 지정한 물건을 듣고, 자신의 분단으로 돌아가 분단 학생들로부터 지정된 물건을 모두 찾아 들고 교실 앞쪽으로 가면 된다고 교사가 안내한다. 또한 제한 시간 3분이 지나면, 시간 부족으로 게임에서 승리할 수 없게 됨을 알려 준다.
3. 충분한 게임 설명이 끝난 후 교사는 지정 물건을 마지막으로 알려 준다. 그리고 동시에 제한 시간 3분 타이머를 작동시킨다.

   *지정 물건-구멍 뚫린 양말, 몽당연필, 여학생 머리핀, 과자 봉지(내용물은 제거한다.), 필기를 하나도 하지 않은 노트, 지갑, 사연이 있는 의미 있는 물건 한 가지 등등.

4. 교사가 대표자들이 가져온 물건을 확인한다. 확인하면

서 재미있는 표정으로 아이들에게 웃음을 줄 수 있다. 구명 뚫린 양말을 보고 "교실의 공기의 질이 급격히 나빠지고 있습니다. 현기증이 나는 것 같아요." 과자 봉지를 보고 "숨겨 놓은 간식이 나오게 되는군요." 또 필기를 하지 않은 노트를 보고 "이것은 점수를 플러스해야 할지 마이너스를 해야 할지 고민이군요."라는 멘트를 하는 것도 재미를 더한다. 의미 있는 물건들에 대해 사연을 들어 보는 것도 흥미로울 것이다.

5. 마지막으로 대표자가 모든 물건을 가져왔는지 확인한다. 혹, 대표자들이 물건을 모두 다 가져오지 못했다면 물건을 가져온 개수가 많은 순으로 승리 팀을 정하면 된다.

■ 토끼와 거북이

시간 : 10분
준비물 : 학생들에게 들려줄 이야기
적용 가능 과목 : 전 교과
수업 효과 : 메시지가 있는 이야기, 학습 관련 이야기 등
        을 들려주며, 집중해서 듣고 게임에 참여하게
        하는 효과가 있다.

어린 친구들을 대상으로 진행하면 좋을 게임이다. 동화를 들려주며, 특정 단어나 주인공의 이름이 나올 때 상대방의 손등을 살짝 때리는 게임이다.

1. 두 명씩 짝을 짓고, 서로 왼쪽 손을 잡는다.
2. 진행자가 "토끼"라고 이야기하면 왼쪽 친구가 오른쪽 친구의 손등을 살짝 때린다. 그런데 오른쪽 친구는 재빨리 오른손으로 방어할 수 있다. 반대로 진행자가 "거북이"라고 외치면 오른쪽 친구가 왼쪽 친구의 손등을 살짝 때릴 수 있고, 왼쪽 친구 역시 오른손으로 자신의 왼쪽 손등을 방어할 수 있다.

예시

토끼와 거북이가 달리기 경주를 하려고 출발점에 섰습니다. 토끼가 먼저 등장을 하는군요. 토끼를 응원하기 위해 토끼 아빠, 토끼 엄마, 토끼 동생, 토끼 언니, 토끼 오빠, 토끼 삼촌이 와 있군요. 이번에는 거북이가 등장을 하네요.

거북이를 응원하기 위해 거북이 첫째 누나, 거북이 둘째 누나, 거북이 셋째 누나, 거북이 넷째 누나, 거북이 첫째 형, 거북이 둘째 형, 거북이 셋째 형, 그리고 거북이 친척들도 많이 왔는데……, 다 소개를 해 줄까요?

경기가 시작되었어요. 토끼와 거북이는 열심히 달렸습니다. 토끼의 속도가 역시 빠르죠.

■ 분위기 집중 게임

시간:5~10분
적용 가능 과목:전 교과
수업 효과:주의 집중과 분위기 형성에 필요한 학습 훈
련이다.

1. 가라사대 게임

진행자가 "가라사대 두 손 높이 드세요."라고 이야기하면, 참
여자는 두 손을 높이 들면 된다. 진행자가 "두 손 높이 드세
요."라고 이야기할 때 참여자가 두 손을 높이 들면 게임에서 탈
락하게 된다. 즉 진행자가 '가라사대' 말을 붙이면 참여자는 이
를 따르고, '가라사대'라는 말을 하지 않으면 이를 따르지 않으
면 된다.

가라사대 예시문

"가라사대 눈을 감으세요.", "가라사대 눈을 계속 감고 있
으세요.", "이제 눈을 뜨세요.", "가라사대 양손을 높이 드
세요.", "가라사대 오른쪽 손은 내리세요.", "왼쪽 손도 내
리세요.", "다시 한 번 두 손을 높이 드세요.", "가라사대
두 손을 높이 드세요.", "가라사대 두 손을 힘차게 흔드세
요.", "가라사대 계속 흔드세요.", "이제 그만.", "자 그러면
지금까지 한 번도 탈락되지 않은 사람은 손 들어 보세요."
(결국 마지막에 손을 들면서 많은 학생들이 탈락하게 된다).

1. '가라사대'를 단체 이름, 학교 이름, 행사 이름 등으로 바꾸어서 해도 괜찮다.

2. 이 게임은 전신 반응 교수법(Total Physical Response)에 뿌리를 둔 게임이다. 따라서 간단한 영어 문장들로 바꾸어 게임을 진행하면 더욱 유익하다.

Tip

만약 말을 하기 힘든 상황이라면, 호루라기를 이용해도 좋다. 즉 호루라기를 두 번 불면 교사의 행동을 따라 하고 한 번 불면 따라 해서는 안 된다는 규칙을 이야기해 주고 게임을 진행해도 좋다. 중요한 것은 교사가 처음에는 진행을 천천히 하다가 차츰 진행 속도를 높여 나가야 한다는 점이다.

2. 코코코코

교사는 손가락으로 코를 가르키며, "코코코코"를 계속 외친다. 그러다 자신의 신체 일부를 가리키며 학생들이 따라 하도록 한다. 예를 들면, "코코코코코"를 외치다 "Touch your mouth."라고 외치면서 교사는 손가락으로 입을 가리킨다. 그러면 학생들도 교사를 따라 손가락을 입에 가져다 댄다. 그런 후 교사가 "코코코코"를 외치다 말과 가리키는 부위를 달리하도록 한다. 예를 들어, "Touch your eye."라고 하면서 귀를 잡는다. 이때 교사를 따라 귀를 잡은 학생이 벌칙을 받게 된다.

3. 따로따로 지휘

교사는 4분의 3박자로 지휘가 가능한 동요(에델바이스, 반달,

과수원 길)를 학생들과 같이 부른다. 왼손으로는 위아래를 움직이며 반복하고, 오른손으로는 삼각형을 그리면서 지휘를 하도록 한다. 왼손이 오른손과 움직임을 같이 한다거나, 제각각 틀린 모션을 하게 되는 광경을 보며 웃음을 터트릴 것이다.

4. 손가락 접기

교사는 두 손을 편 상태에서 왼손의 엄지손가락만 접는다. 그리고 왼손과 오른손으로 동시에 수를 '열'까지 세면서 손가락을 하나하나 접도록 한다. '열'까지 세고 난 후 왼쪽 손은 처음과 마찬가지로 엄지손가락이 접혀 있어야 한다. 학생들이 헷갈려 하고, 왼손과 오른손이 함께 움직이는 모습 속에서 웃음이 터질 것이다.

5. 바꿔!

앉은 상태에서 왼손으로는 무릎을 위아래로 비비고, 오른손으로는 무릎을 치도록 한다. 그러다가 교사가 "바꿔."라고 외치면 오른손, 왼손의 동작을 바꾸면 된다. 교사는 "바꿔.", "바꾸지 마." 등의 멘트로 학생들에게 혼동을 줄 수 있다. 학생 몇 명이 다른 학생들과 동작이 바뀐 것을 발견하면서 재미가 더해진다.

■ 양파링 옮기기

시간 : 10~15분
준비물 : 빨대, 양파링
적용 가능 과목 : 창의적 체험 활동
수업 효과 : 모둠 친구들과 협동하여 미션을 수행함으로
써 교우 관계 형성에 도움이 된다.

모둠별, 분단별로 참여할 수 있는 게임이다. 진행자는 먼저 각 팀별 대표자를 선발하고 참여하는 모든 학생에게 빨대를 일 인당 하나씩 나누어 준다.

＊이때 빨대는 끝 부분이 구부러지는 빨대이어야 한다.

이 게임에서 대표자를 제외한 모든 학생들은 절대 손을 사용할 수 없다. 즉 대표자가 처음에 빨대에 양파링을 올려놓기 위해서만 손을 사용할 수 있다. 따라서 모든 학생들은 서로 손을 잡고 있어야 한다.

대표자가 손을 이용해 자신의 빨대에 양파링을 올려놓고 빨

대를 이용해 다음 학생에게 양파링을 전달한다. 그러면 다음 학생은 역시 빨대를 이용해 양파링을 전달, 전달해서 마지막 학생까지 전달되도록 하는 것이다. 대표자는 하나의 양파링이 마지막 학생에게까지 최종적으로 전달되는 것을 확인한 후 또 다른 양파링을 집어서 전달을 시작하도록 한다.

진행자는 제한 시간 안에 양파링을 가장 많이 전달한 팀을 우승 팀으로 선정해도 되고 또는 양파링 열 개를 제공하고 이것을 가장 먼저 전달한 팀을 우승 팀으로 선정해도 된다.

보너스 게임_책장 빨리 넘기기

빨대를 이용해 숨을 빨아들이면서 책장을 넘기는 게임이다. 제한 시간 안에 얼마나 많은 페이지를 넘겼는지를 확인해 승자를 가리는 게임이다. 처음에는 교과서를 이용해서 짝이나 모둠별로 게임을 진행하고 마지막에는 팀별 대표들을 뽑아 결승전을 진행한다. 결승에서는 다소 넘기기 힘든 신문지를 이용하면 재미있는 장면들이 연출될 것이다.

■ 전달 게임

시간:15~20분
준비물:검은콩, 젓가락, 접시, 카드, 탁구공
적용 가능 과목:창의적 체험 활동
수업 효과:젓가락을 잘 다루지 못하는 저학년 아이들에
          게 도전 과제를 제시하면, 게임을 통해 협력
          하여 활동하고, 소통의 기회를 가질 수 있다.

1. 검은콩 전달 게임

요즘 젓가락질이 서툰 친구들이 많다. 따라서 이 게임을 하려면 먼저 특정한 날을 정한 후 사전에 친구들이 충분히 개인 연습을 할 수 있는 시간을 주는 것이 좋다. 진행자는 일회용 접시, 검은콩 100개 이상, 그리고 참여 인원수만큼의 나무젓가락을 준비한다.

참여하는 친구들은 책상에 8열로 앉게 하고, 진행자는 맨 앞의 책상 한쪽에 검은콩이 열 개씩 담긴 접시를 둔다. 그리고 각각의 참여자 책상에 접시를 한 개씩 나누어 주고, 각 열 맨 마지막에 전달된 콩을 담을 접시를 놓아둔다. 모든 참여자가 시간을 확인하도록 화면에 타이머를 보여 주고 3분의 시간을 세팅한다. 시작 소리에 맞춰 참여자들은 맨 앞의 콩이 맨 뒤쪽까지 전달될 수 있도록 하는 것이다.

규칙

1. 참여자는 절대 손을 사용해서는 안 된다.
2. 만약 콩이 중간에 떨어진 경우, 그 콩은 포기한다.

3. 콩은 젓가락에서 젓가락으로 전달되어선 안 된다. 반
   드시 젓가락을 이용해 다음 접시에 놓고, 다음 사람은
   접시에 있는 콩을 젓가락을 이용해 다음 접시에 놓도
   록 해야 한다.

Tip

참여자가 젓가락질이 많이 서툰 경우, 맨 앞쪽에 콩 다섯 개를 두고 중간쯤에
다섯 개를 두도록 한다. 학생들이 옮기기 실력이 수준급에 도달했다면 콩에서 쌀,
좁쌀 등을 이용해 게임을 진행해도 흥미롭다.

2. 학생증, 카드 전달하기

참여자는 둥그런 모양으로 자리를 앉는다. 대표자 한 명이
참여 학생들의 학생증 또는 놀이 카드를 모은다. 진행자는 모
든 참여 팀이 똑같은 숫자로 팀을 구성했는지, 각 팀마다 전달
할 학생증이나 카드를 가지고 있는지 확인한다.

진행자가 출발 신호를 주면, 대표자는 학생증 한 장을 들고

자신의 윗입술을 코 쪽으로 올려 학생증을 고정시킨 후 다음 사람에게 전달한다. 다음 사람 역시 윗입술과 코를 이용해 학생증을 전달받도록 한다. 이렇게 마지막 사람에게까지 모든 카드를 빨리 전달하게 되면 모두 일어나 "화이팅"을 외치면 된다.

규칙

1. 학생증 또는 카드 한 장이 대표자로부터 출발해서 맨 마지막 사람에게 전달된 후, 다음 학생증 또는 카드 한 장을 출발시킬 수 있다.
2. 맨 마지막 학생은 전달받은 학생증(또는 카드)을 진행자가 제공한 종이 상자에 넣도록 한다.
3. 대표자 학생을 제외하고 절대 손을 사용할 수 없으므로 옆 사람과 양손을 잡도록 한다.

3. 탁구공 옮기기

진행자는 팀 수만큼의 종이 상자, 참여자 숫자만큼의 일회용 젓가락과 탁구공을 넉넉히 준비한다. 참여자는 1열로 앉거나 둥그런 모양으로 자리에 앉는다. 그리고 일회용 젓가락을 입에 물고 탁구공을 옆 사람에게 전달하는 게임이다. 각 팀의 대표자만 처음에 손을 사용하여 탁구공을 숟가락에 올려놓을 수 있고 이후에는 절대 손을 사용할 수 없다.

마지막 사람은 탁구공을 진행자가 제공한 종이 상자에 넣도록 한다. 진행자는 제한 시간 안에 많은 탁구공을 넣은 팀을 우승 팀으로 할 수도 있고, 팀 대항전 형태로 먼저 모든 탁구공을 종이 상자에 넣는 팀을 우승 팀으로 선정할 수도 있다.

규칙

1. 참여자는 대표자를 제외하고 절대 손을 사용할 수 없
   으므로 옆 사람과 양손을 잡도록 한다.
2. 중간에 탁구공이 떨어진 경우, 손으로 주워서 처음부터
   다시 출발하도록 한다.

■ 스무고개

시간:20~30분
적용 가능 과목:창의적 체험 활동
수업 효과:배경지식을 총동원하여 정답을 맞히도록 하
며, 추론 능력을 가지도록 한다.

고전적 게임으로, 누구나 쉽게 이해하고 참여할 수 있는 게임이다. 진행자는 스무고개의 답을 마음속으로 정한다. 휴대폰, 책상, 컴퓨터, 책 등 눈에 보이는 것이 좋다. 사랑, 우정, 행복 등과 같은 무형의 정답은 게임의 참여자들이 추측하거나 이해하기 힘든 부분들이 있기 때문에 피하는 것이 좋다.

게임은 조별로 진행해도 좋고, 1:다多로 진행해도 된다. 만약 조별로 진행할 경우, 질문을 한 조씩 돌아가며 하는 것이 좋다. 이 게임 진행에서 중요한 역할을 하는 이는 바로 진행자다. 학생들이 질문을 했을 때, 세 가지 종류의 답을 할 수 있다. 첫째, "예." 둘째, "아니요." 셋째 "그럴 수도 있고 아닐 수도 있습니다."

세 번째 답변의 경우, 만약 진행자가 휴대폰을 정답으로 정한 가운데, 학생이 "색깔이 검은색입니까?"라고 질문한 경우 진행자는 "그럴 수도 있고 아닐 수도 있습니다."라고 답해야 한다. 그 외의 답변의 형태는 금하는 것이 원칙이다.

학생들은 모두 스무 개의 질문을 할 수 있으며, 가장 먼저 정답을 맞히는 학생이나 팀에게 보상을 하면 된다.

■ 고전 게임 단체로 하기

시간:20분
적용 가능 과목:창의적 체험 활동
수업 효과:즐거운 교실 분위기가 형성되고, 모두가 함께
          게임에 참여함으로써 소속감을 느낄 수 있다.

1. 제로 게임

제로 게임은 흔히들 삼삼오오 모여 많이 하던 게임이다. 이를 그룹 활동으로 변형해서 진행할 수 있다. 예를 들어, 여섯 명으로 구성된 모둠이 있다고 하자. 먼저 가위바위보를 통해 술래 모둠의 순서를 정하고 첫 번째 술래 모둠 전원은 교실 앞으로 나와 1열 횡대로 선다. 그리고 나머지 모둠장들이 한 명씩 차례대로 제로에서 여섯까지의 숫자를 부른다. 이때 모둠장이 부른 숫자와 술래 모둠에 서 있는 친구들의 숫자가 일치할 경우, 모둠장이 속한 모둠은 점수를 얻게 되는 것이다. 즉, 술래 모둠이 나와서 앉았다 일어났다 활동을 하고, 나머지 모둠의 모둠장은 숫자 하나를 외치는 것이다. 모둠장들이 모두 두 번씩 숫자를 외친 후, 술래 모둠은 자리로 들어간다. 같은 방법으로 다음 술래 모둠이 나오고, 나머지 모둠의 모둠장이 숫자를 외치도록 한다.

Tip

I. 모둠장은 모둠원들이 순서를 정해 돌아가며 하도록 한다. 즉 한 명만 계속 숫

자를 외치지 않도록 한다.

2. 만약 "제로"를 외쳤는데, 아무도 일어나지 않았다면 점수를 두 배 주는 것도 좋다.

2. I am Ground 자기 소개하기

분단별 또는 모둠별로 진행해도 좋다.

"두 손으로 무릎 치기-손뼉-왼손-오른손-두 손으로 무릎 치기-손뼉-왼손-오른손." 액션을 하면서 "I am Ground 자기 소개하기"라고 외친다. 이것이 기본 박자이다.

기본 박자가 끝난 후 "두 손으로 무릎 치기-손뼉-키위 넷!"을 외치면 키위 모둠, 모둠원 전체는 4박자 박자에 맞춰 "키위-키위-키위-키위"를 외친다. 만약 "두 손으로 무릎 치기-손뼉 - 갈치 하나!"라고 외치면 "두 손으로 무릎치기-손뼉-왼손-갈치!"라고 외친다. 즉 박자에 맞춰 자기 모둠의 애칭을 외치는 것이다. 그리고 다른 모둠 이름 사과, 갈치, 파이, 얼짱 등등으로 바꾸어서 게임을 진행한다.

　기본 박자 연습과 게임 설명이 끝나면, 각 모둠별로 모둠장을 선발해서 자리에서 일어나게 한다. 그리고 자기 모둠의 애칭을 넣어 기본 박자를 연습하도록 한다. 게임의 요령은 간단하다. 다음은 '키위 모둠'이 '파이 모둠'을, '파이 모둠'이 다시 '갈치 모둠'을 공격할 때의 상황이다.

"I am Ground 자기 소개하기!"-반 학생 전체가 하기.

"(무릎-손뼉) 파이 3"-키위 모둠의 모둠장이 외치기.

"(무릎) 파이-파이-파이"-파이 모둠원 전체가 자기 모둠 애칭 외치기.

"(무릎-손뼉) 갈치 2"-파이 모둠의 모둠장이 외치기.

"(무릎-손뼉) 갈치-갈치"-갈치 모둠원 전체가 자기 모둠 애칭 외치기.

"(무릎-손뼉) 행복 4"-갈치 모둠의 모둠장이 외치기.(다음 공격할 모둠 애칭 외침.)

"행복-행복-행복-행복"-행복 모둠의 모든 학생이 박자에 맞춰 자기 모둠 애칭 외치기.

3. 베스킨 라빈스 31

　아이스크림의 이름 '베스킨 라빈스 31' 게임이다. 이는 한 사람이 숫자 1부터 31까지 숫자를 한 개에서 최대 세 개까지 부를 수 있는데 마지막 숫자 31을 외치는 사람이 게임에서 지게 되는 것이다. 짝 활동으로 진행하다가, 모둠 대항 게임으로 진행하면 좋다. 그리고 최종 우승자는 교사와 대결하는 것도 방법이다.

Tip

이 게임에서 항상 이길 수 있는 요령이 있다. 교사들은 기억해 두었다가 최종 우승 학생과의 대결에서 활용하기 바란다.

"31게임"에서 이기려면 2, 6, 10, 14, 18, 22, 26, 30 숫자를 외치면 된다. 즉, 숫자 30에서 4를 뺀 수를 계속 외치면 이기는 것이다.

■예능 퀴즈 프로그램

시간 : 10~15분
준비물 : 이야기 글, 여론조사 기사, 마술 도구
적용 가능 과목 : 영어
수업 효과 : 상상력 자극과 공감 능력, 추리 추론 능력,
　　　　　 창의성을 자극할 수 있는 활동이다.

1. 다음 대사는?

만화, 짧은 콩트, 동화 등을 교사가 들려준다. 그리고 마지막 대사 또는 이어질 내용을 맞히는 것이다. 교사는 이야기를 준비해서 들려준다. 학생들은 이야기를 바탕으로 모둠별로 토의를 한 후 정답을 맞히는 것이다.

2. 여론조사

여론조사 순위를 3위부터 7위까지 나열해 놓는다. 학생들이 토의를 거쳐 여론조사 1위와 2위를 맞히는 것이다. 학생들에게 친숙한 여론조사를 문제로 도입하면 흥미롭다.

3. 마술 해법 찾기

마술은 아이들에게 흥미를 주면서 집중할 수 있게 하는 좋은 소재가 된다. 교사가 학생들에게 간단한 마술을 보여 주고, 이 마술의 비밀, 즉 해법은 무엇인지 조별로 토의하고 정답을 찾아 가는 활동을 활용하기 좋다.

참고

학생들에게 선보일 마술은 간단한 도구를 이용해도 충분히 가능하다. 물론 교사의 노력도 약간 필요하지만 대부분 도구 자체만으로도 관심을 끌기에 충분하다. 인터넷에서 '마술 도구'를 검색하면 수많은 사이트가 나오는데 그중에서 아주 쉬우면서 반응이 좋은 대표적인 것들만 안내한다.

A 미래 꽃 마술-교사가 손으로 천천히 쇼맨십을 발휘하며 꽃의 위치만 바꿈.

B 플라워 온 오프-로프를 묶었을 뿐인데 꽃이 나타나는 마술.

C 지퍼 체인지 백-호주머니에서 다양한 물건들이 나오는 신기한 마술.

D 아쿠아 파우더-물을 넣고 붓기만 하면 물이 사라지게
  되는 마술.

E 드림 백-작은 종이 상자에서 계속 나오는 꽃 상자들.

F 컬러 체인지 카드, 예언 카드-특별한 연습이 필요 없이
  바로 공연이 가능하며, 학생들이 참여하는 카드 마술.

G 코미디 글라스-신문지, 물, 컵으로 무대 공연이 가능한
  마술.

H 컬러 체인지 부채-부채를 폈다 접으면 색깔이 변하는
  마술.

I 마우스 코일-간단한 도구로 분위기를 집중시킬 수 있는
  도구 마술.

■ 교실 올림픽

7월이나 2월 등 학기 말 어수선한 분위기에 진행하면 좋은 교실 올림픽 프로그램이다. 먼저 성비와 인원수 등을 고려하여 모둠을 나누고, 모둠 대항으로 진행하면 좋다. 각 모둠에서 여러 경기에 참여할 학생을 선정해서 교사에게 보고하면, 교사는 각 경기별 대진표를 작성하도록 한다. 학생 몇 명만 참여하지 않도록 지도가 필요하며, 각 게임에 대한 규칙을 정확히 안내해야 한다. 또한 교실 올림픽 진행 중에 생활 태도나 교내 규칙을 지키지 않는 등의 문제를 일으키면 해당 학생은 출전이 정지됨을 분명히 사전에 안내한다.

1. 팔씨름 대회

오른손 팔씨름 대회, 왼손 팔씨름 대회로 나누어서 진행하면 된다. 예를 들어, 오른손으로 팔씨름을 할 경우, 오른손을 서로 맞잡고 왼쪽 손은 상대방의 팔꿈치를 고정시켜 준다. 1분 이상 경기가 진행될 경우, 교사는 일정 시간(20~30초)을 추가로 주고 시간 종료 후, 판정을 내리도록 한다.

Tip

손목을 꺾는 경우, 팔꿈치를 움직이는 경우 모두 반칙에 해당된다.

2. 다트, 양궁

다트의 경우 반드시 자석 다트를 사용하고, 양궁의 활은 플라스틱의 재질로 끝은 뽁뽁이(물기가 있으면 붙게 되는 것)로 된 것을 사용한다. 주로 문구점에서 구입이 가능하다. 주의할 점은 쉬는 시간에 교사의 지도 없이는 개인 연습을 하지 못하도록 하고, 실전 게임 전 2~3회 연습할 기회를 제공하도록 한다. 재미있는 게임은 안전에서부터 출발한다.

다트의 표정은 칠판에 고정시키고, 양궁의 표적은 칠판에 고정시키거나 그려서 게임을 진행하면 된다.

3. 동전 축구

책상에 동전 세 개를 놓고 동전 하나를 동전 두 개 사이로 엄지와 중지(또는 검지)를 이용해 이동시키는 것이다. 즉 한 명은 동전을 이용해 공격을 하고 다른 학생은 엄지와 중지를 책상 끝에 고정시키고 검지를 움직이며 골을 막도록 한다.

4. 제기차기

제기는 남학생 세 명, 여학생 두 명을 각 모둠에서 선발해 여학생은 보통 제기차기를 하고, 남학생 한 명은 들고 차기, 다른 한 명은 양발 차기, 나머지 한 명은 보통 차기를 해서 모든 수를 더해서 승부를 가리면 된다.

5. 줄넘기-2단 뛰기, 엇갈려 뛰기, 일반 뛰기

줄넘기의 경우 일반 뛰기, 엇갈려 뛰기, 2단 뛰기, 두 명이 함께 뛰기 등 학생들의 줄넘기 실력 등을 고려해 실시한다. 각 모둠의 대표 선수 한두 명을 선발해 지정 종목의 줄넘기 수를 모두 더해서 우승 팀을 정하도록 한다.

6. 장기, 바둑, 체스

저자가 학생들의 집중력과 사고력 증진을 위해 1년 내내 쉬는 시간 활동으로 장려하는 활동이 바로 장기, 바둑, 체스이다. 각 모둠별로 대표 학생을 선발해서 게임을 진행하도록 한다.

7. 역도

각 모둠에서 가장 힘이 센 친구와 가장 몸무게가 가벼운 학생 한 명을 선발해서 힘이 센 친구가 가벼운 학생을 오랫동안

업거나 안고 있는 경기이다. 또는 학생들의 교과서를 모은 후, 왼손과 오른손에 나누어 들고 있거나 양손으로 함께 들고 있게 하는 것이다. 이때, 참여 학생이 같은 종류, 같은 수의 책을 들고 있도록 한다. 시간이 꽤 경과했는데도 승부가 나지 않으면, 책을 올려놓거나 오른발을 들게 하는 등의 규칙을 적용할 수 있다.

8. 훌라후프 게임

각 모둠에서 대표 선수를 선발하고 일반적인 훌라후프 경기를 진행하다가 팔짱 끼기, 오른발 들기, 왼발 들기, 눈 감기, 손으로 땅 짚기 등의 미션을 제공해서 가장 오랜 시간 훌라후프를 돌리는 사람이 우승자가 된다. 또는 두 개 이상의 훌라후프를 돌리게 하는 미션을 줘도 좋다.

9. 림보 게임

림보 게임은 누구나 잘 알고 있는 게임이다. 허리를 젖혀서 림보 막대를 통과하는 일반적인 게임을 변형해서 할 수 있는 게임을 소개한다.

간혹, 림보 게임 도구가 없어서 진행되기 힘든 경우 막대 하나를 구해 양 옆에서 막대를 손등에 올려놓고 진행해도 무방하다. 진행자는 줄자를 이용해 학생들이 ○○cm를 통과하는지 안내해 주면 더욱 친절한 진행자가 될 것이다.

＊부모님이 아이를 안고서 림보

부모와 아이가 함께하는 경우라면, 부모가 양팔로 아이를 안
고 림보를 하는 게임이다. 이때, 부모의 무릎, 엉덩이, 팔꿈치가
땅에 닿으면 탈락하게 된다. 또한 아이의 발바닥이나, 손, 머리
가 땅에 닿아도 탈락하게 된다. 진행자는 경기의 규칙을 정확
히 차근차근 설명해 주고, 게임을 시작하기에 앞서 연습 게임
을 한 번 진행하면 좋다.

Tip

고학년 학생이 저학년 학생을 안고 하는 림보 게임은 위험하니 진행하지 않는
것이 좋다.

＊코끼리 아저씨로 열 번 돌고 림보

허리를 젖혀 림보를 진행하면 최종 우승자를 가리기가 쉽지
않다. 따라서 손을 이용해 코끼리 아저씨를 하고(두 손을 서로

교차한 다음, 한 손은 코를 잡는 자세) 제자리에서 열 번을 돌고 림보를 통과하는 게임이다.

10. 투호, 고리 던지기

우리 전통 놀이인 투호를 교실에서 팀 대항 게임으로 할 수 있다. 투호 통에 많은 투호를 넣으면 이기게 된다. 고리 던지기 역시 같은 방법으로 진행하면 된다. 거리를 조절하거나, 눈을 가리는 등의 조건을 달리하면 더욱 흥미로울 수 있다.

11. 큐빅 맞히기

각 모둠에서 큐빅 맞히기에 자신 있는 친구가 한 명씩 나와서 큐빅을 제일 빨리 맞히는 친구의 팀이 우승하게 된다. 만약 시간이 많이 소요될 경우, 교사는 최종 종료 시간을 알려 주고, 현재 상태에서 가장 많이 맞힌 친구가 우승하도록 정한다.

■ 오랜 시간 발성하기

시간:5분
준비물:초시계, 마이크
적용 가능 과목:전 교과
수업 효과:대표자 활동으로 관전하는 친구가 수행하는
         친구보다 즐겁게 참여할 수 있는 게임이다.

각 모둠에서 가장 숨을 오래 참고 발성할 수 있는 대표 학생을 한 명씩 선발하도록 한다. 게임 방법은 간단하다. 대표 학생이 숨을 크게 들이마시고 내쉬면서 "둥" 또는 "잉" 등의 발음을 하는 것이다. 이때 교사는 한 손에는 초시계를 다른 한 손에는 마이크를 잡고 진행을 한다.

시작 신호와 함께 초시계를 재고 다른 한 손으로는 발성하고 있는 학생의 입 쪽에서 마이크를 움직이면서 소리가 리듬을 타도록 하는 것이다. 예를 들어, 학생이 "둥"이라는 글자를 발성하고 있다면, 마이크를 입 쪽에서 떼었다 붙였다 하면서 (대~한민국) "둥둥 둥 둥둥" 소리가 나도록 하는 것이다. 또는 "잉" 소리를 발성한다면 마이크로 입 근처에 떼었다 붙였다 하면서 마치 파리 소리가 나도록 할 수 있다.

사회자가 마이크를 이용해 재미난 상황을 연출하면서 웃음이 유발되는 게임이다. 사회자의 짓궂은 행동에도 불구하고 오랜 시간 발성한 학생이 게임에서 승리하게 된다.

■음악 게임

시간 : 10~15분
준비물 : 음악 파일, 음향 시스템
적용 가능 과목 : 음악
수업 효과 : 음악 반주, 노랫말, 가락과 리듬에 대해 관심
을 갖게 하는 계기가 된다.

1. 노래 제목 맞히기

노랫말 없이 반주만 들려주면, 학생들이 제목을 맞히는 게임이다. (음악 퀴즈 '마이크를 잡아라'와 흡사하다.)

2. 다음 가사!

교사가 노래를 들려주다가 갑자기 음악을 멈춘다. 그러면 학생들이 다음 가사를 맞히는 게임이다.

3. 받침 빼고 부르기

예를 들어 '학교 종이 땡땡땡' 노래를 부른다면 "하교조이 때때때, 어서 모이자. 서새니이 우리르 기다리시다."로 부르면 성공이다. 교사는 연습 시간을 2~3분 정도 주고, 자신 있는 팀부터 도전하도록 한다. 도전 중, 모둠원 가운데 한 명이라도 틀리면 탈락이다.

4. 특정 단어 돼지 콧소리로 바꿔 부르기

예를 들어 '뽀뽀뽀' 노래를 부른다면 "아빠가 출근할 때 뽀

뽀뽀, 엄마가 안아 줘도 뽀뽀뽀……."라고 부를 때 뽀뽀뽀 부분은 마지 돼지가 꿀꿀거리듯, 또는 아빠가 코를 고는 소리같이 '뽀뽀뽀'라고 실감 나게 불러야 한다. 이 게임은 모둠 대표 학생이 나와서 노래를 불러 서바이벌 형식으로 진행하면 된다.

■ 보물찾기

시간:30~40분
준비물:보물찾기 쪽지
적용 가능 과목:창의적 체험 활동
수업 효과:학습과 게임 요소를 결합함으로써 흥미와 참
　　　　　여도를 높일 수 있다.

1. 보물 점수

고전적 놀이이다. 교사는 종이 쪽지를 준비해서 운동장 곳곳에 숨겨 둔다. 미끄럼틀 뒤쪽, 벤치 밑, 계단 옆, 운동장 스탠드, 국기 게양대 부근 등 테이프 등을 활용해 곳곳에 숨기고 붙여 둔다.

종지 쪽지에는 10점, 30점, 100점 등의 점수를 기재해 두도록 한다. 모둠별로 흩어져 보물을 찾아 온 후, 종이에 적힌 점수의 합계를 내어 우승 팀을 가리도록 한다. 이때 교사는 정확히 제한 시간을 두고, 시간이 경과되면 호루라기를 불어 학생들이 모일 수 있도록 사전에 지도한다.

2. 퀴즈 보물찾기

색도화지를 활용해서, 노란 쪽지 3~5장, 분홍 쪽지 3~5장, 파란 쪽지 3~5장, 흰색 쪽지 3~5장을 준비해서 노란 쪽지에는 '천 리 길도 한 걸음부터'를 첫 번째 쪽지에는 '천 리', 두 번째 쪽지에는 '길도' 세 번째 쪽지에는 '한 걸음' 네 번째 쪽지에는 '부터'를 각각 적어 두고 추측하게 하는 것이다. 파란 쪽지에도 이와 같은 방법으로 속담, 사자성어, 영어 문장 등을 적어 두면 된다. 사자성어 '새옹지마'인 경우 각각의 글자를 적으면 된다.

학생들은 모둠별로 찾은 쪽지를 모아 색깔별 정답을 추측한다. 교사는 정답 확인 후 점수를 주면 된다.

3. 우리가 보물 숨김이

교사가 보물을 숨겼다면, 이제는 학생들이 보물을 숨기는 것이다. 종이 쪽지를 준비하고 한 모둠의 학생들이 제한 시간 내에 모둠을 숨기고, 나머지 친구들은 고개를 숙이고 교사가 호루라기를 불 때까지 기다린다. 이때, 교사는 학생들에게 장소의 범위를 알려 주도록 한다. 학교의 화단이나 운동장을 벗어난 곳, 또는 위험 요소가 있는 곳에는 숨기지 않도록 사전에 지도한다. 학생들이 모둠을 모두 숨기고 난 후, 나머지 모둠이 제한 시간 내에 보물을 찾아오는데, 많은 보물을 찾아 오는 팀이 이기게 된다.

■ 지수공! 지수공!

교사가 "지수공 지수공 지수공 지수공" 기본 박자(3·6·9 게임의 리듬과 동일함)를 넣다가 "지(地)" 하면 학생들은 땅에 사는 동물 중에 하나를 이야기하고, "수(水)" 하면 물속에 사는 동물 중에 하나를 이야기한다. 그리고 "공(空)"은 공중에서 사는 새 가운데 하나를 이야기하면 된다. 교사는 게임 시작 전 학생들의 참여 순서를 정해 놓은 후 시작하면 된다. 게임 가운데 박

자를 놓치거나 잘못된 동물을 이야기하면 틀리게 된다.

Tip

이는 두세 가지 정도로 분류되는 학습 내용의 경우 게임 활용이 가능하다. "과친나"에서 "과"는 과목을, "친"은 친구 이름을, "나"는 나라 이름을 이야기하는 것이다. 고학년이라면 학생들이 해당 단어를 영어로 말하게 해도 좋을 것이다.

■ 뒤뚱뒤뚱 코끼리 아저씨

시간 : 20분
준비물 : 공 3개, 종이와 필기도구
적용 가능 과목 : 체육
수업 효과 : 참여 학생 모두가 함께 웃으며 보고 활동할
　　　　　 수 있는 게임이다.

1. 코끼리 공을 잡아라!

운동장 한가운데에 공 세 개를 두고, 운동장 둘레로 넓게 학생 열두 명이 원형을 만들어 선다. 그리고 교사의 호루라기 소리에 맞춰 코끼리 손을 하고 제자리에서 스무 바퀴를 돌고 운동장 중앙의 공을 가지러 뛰어가는 것이다. 이때, 반칙을 예방하기 위해 학생 열두 명이 제자리를 돌 때 친구 한 명이 옆에 서서 숫자를 세어 주는 역할을 하면 된다.

2. 코끼리 글자를 써라!

교실에서 진행하는 게임으로 각 모둠에서 한 명씩 나와 교사가 제시하는 문제를 듣고 정답을 칠판에 쓰면 된다. 문제를 듣고 난 후, 코끼리 손을 하고 제자리에서 10~20바퀴를 돌고 분필을 잡고 칠판에 정답을 쓰면 되는 것이다. 정답을 쓴 글씨 모양이 저절로 웃음을 자아낼 것이다.

3. 코끼리 릴레이!

운동장에서 두세 팀으로 나누어 진행한다. 팀별로 한 줄로

선 후, 학생들이 코끼리 손을 하고 제자리에서 스무 번 돌고 반환점을 돌아오는 경기이다.

▪얼굴 근육 운동!

시간:10분
준비물:스티커, 적절한 음악
적용 가능 과목:창의적 체험 활동
수업 효과:모든 친구들이 웃을 수 있는 즐거운 분위기
         형성에 도움이 된다.

　　교사는 각 모둠에서 얼굴의 표정이 다양한 대표 학생 한 명을 선발한다. 그런 후 코, 이마, 볼, 입 주위에 스티커를 다섯 개 정도 살짝 붙이도록 한다. 학생들은 시작 신호와 함께 손을 사용하지 않고, 눈을 깜빡이거나, 볼과 이마를 찡그리며 얼굴에 붙은 스티커를 떨어뜨리도록 하는 것이다. 제한 시간 1분 안에 가장 많은 스티커를 뗀 사람이 우승하게 된다. 얼굴의 다양한 표정이 재미난 장면을 연출한다.

■ 우리만의 개그 콘서트

시간 : 30~40분
준비물 : 각 모둠별로 창의적으로 준비
적용 가능 과목 : 창의적 체험 활동
수업 효과 : 학생 자신이 가장 자신 있는 장기를 뽐내면
서 자존감이 높아진다.

교사는 학생들에게 각자 1분에서 2분짜리 재미있는 유머를 찾아 오라고 숙제를 낸다. 숙제를 해 온 친구들은 모둠별로 자신이 준비해 온 이야기, 성대모사, 몸 개그, 간단한 마술, 재미난 노래와 춤 등을 모둠 친구들에게 발표한다. 그리고 모둠에서 가장 반응이 좋았던 작품을 대표작으로 선정한다. 대표작으로 선정된 유머는 반 전체 학생들 앞에서 발표를 하고 최우수작을 선발하도록 한다. 방법은 전지에 1~6모둠을 쓰고, 유머의 제목을 쓴다. 그리고 학생들은 일 인당 스티커 두 장씩을 좋았던 작품에 붙이도록 한다.

Tip

즉석에서도 가능하다. 즉 모둠별로 1분에서 2분짜리 유머 콩트, 상황극, 연극 등을 준비해서 학생들에게 웃음을 주는 것이다. 단, 한 학생의 장기자랑이 되지 않도록 사전에 지도한다.

■ 비행기 이야기

시간:20분
준비물:종이, 필기도구, 이야기
적용 가능 과목:국어, 창의적 체험 활동
수업 효과:이야기의 결말을 예측할 수 없어 마지막까지
　　　　　이야기에 집중하고, 돌발적인 단어에 웃음이
　　　　　터지는 흥미진진한 수업이 전개된다.

개그 프로그램에서 진행했던 코너를 활용한 스토리텔링 활동이다. 종이 세 장을 나누어 주고, 학생들이 한 장에는 가장 좋아하고 관심 있는 것, 한 장에는 가장 존경하거나 좋아하는 인물, 마지막 한 장에는 가장 무서워하는 것을 적도록 한다. 세 장을 모두 작성했으면 종이 비행기를 접어 교실 앞쪽으로 날리도록 한다. 모든 학생들이 종이비행기를 날린 후, 선생님은 이야기를 시작한다.

예원이가 친구들을 집으로 초대해서 생일파티를 하고 있었지. 친구들은 예원이를 축하해 주었고, 생일 케이크와 여러 음식들도 나누어 먹었지. 생일 하면 빼놓을 수 없는 것이 바로 생일 선물이잖아. 진우는 예원이에게 필통을 선물했고, 태은이는 바비 인형을, 미진이는 책을 선물했어. 그리고 예린이는 큰 상자를 포장해서 선물을 했어. 예원이가 선물 상자를 뜯었더니 그 안에는 (이때 선생님이 아이들이 날린 비행기 쪽지를 하나 집어 들고 펼쳐서 그 안의 내용을 읽는다).)

이와 같이 이야기를 전개하다가 극적인 장면에서 학생들의 비행기 쪽지의 단어로 상황이 반전되는 활동이다. 선생님이 몇 번 진행을 하다가, 학생이 나와서 이야기를 짧게나마 들려주는 연습을 해 보는 것도 흥미롭다.

Tip

아이들이 지나치게 자극적인 단어나 게임 용어를 적지 않도록 한다. 또한 학생이 대표로 이야기를 들려줄 때 교훈적인 내용으로 결말을 맺을 수 있도록 지도해야 한다.

■ 칭찬 샤워 프로그램

시간 : 10분
준비물 : 신문지
적용 가능 과목 : 창의적 체험 활동
수업 효과 : 칭찬에 인색한 학생들에게 칭찬 훈련을 시킴
으로써 훈훈한 학급 분위기 조성, 교우 관계
개선의 효과가 있다.

선생님은 각 모둠별로 신문지 한 장을 나누어 준다. 모둠 친구들은 선생님 종소리에 맞추어 한 명씩 신문지를 가장 길게 찢어 가는 활동이다.

선생님이 종을 울리면 순서에 따라 첫 번째 친구가 신문지를 길게 찢어 나간다. 이때 친구들은 신문을 찢고 있는 친구에 대한 장점과 칭찬할 점을 이야기해 주는 것이다. 선생님이 40초 정도 시간이 흐른 후 종을 치면 다음 친구가 이어서 신문을 길게 찢어 나가며 나머지 친구들은 신문을 찢는 친구에 대해 칭찬 샤워를 하는 활동이다. 마지막 친구까지 활동이 끝나면 모둠장이 종이를 가지고 칠판에 붙인다. 가장 길게 찢은 팀이 이기게 된다.

학생들이 종이를 찢다 보면 중간에 끊어지게 된다. 이런 경우, 다시 시작할 수 있도록 지도하면 된다.

■ 감정 토크

시간:10분
준비물:감정 카드
적용 가능 과목:창의적 체험 활동
수업 효과:자신의 감정을 표현하고 다른 사람의 감정을
　　　　　헤아려 주는 감정 훈련 효과가 있다.

행복해, 즐거워, 짜증나, 화가나, 우울해, 시무룩해, 슬퍼,
기뻐, 신 나, 무서워, 두려워, 후회돼, 걱정돼, 놀라워, 기대
돼, 심심해, 지루해, 재밌어……

　칠판에 감정을 나타내는 단어들을 열거하고 종이 카드 한
장에 하나의 단어를 쓰도록 한다. 이렇게 감정 카드를 만들어
본다. 그리고 짝과 감정 카드가 한눈에 보이도록 펼쳐 놓고, 자
신의 감정 상태를 나타내는 카드를 세 장 고른다.
　그리고 돌아가며 '왜 그러한 감정 카드를 골랐는지' 이유와
상황에 대해 이야기해 보도록 한다. 이야기를 들은 친구는 친
구의 이야기를 주의 깊게 듣고 공감의 메시지를 하도록 지도한
다. "힘들었겠구나.", "와, 참 잘됐다.", "그랬구나."와 같은 공감
메시지를 칠판에 적고 말하도록 하면 효과적이다.

제5장
신 나는 체육 시간을 위한 게임

■ 2인 3각 댄스

시간:20~30분
준비물:끈, 2인 3각 게임 도구
적용 가능 과목:체육, 창의적 체험 활동
수업 효과:협동심 배양과 소통의 기회가 제공된다.

2인 3각 경기는 운동회에서 자주 하는 익숙한 경기이다. 2인 3각 경주뿐 아니라 변형해서 게임을 진행하면 더욱 흥미로운 시간이 될 수 있다.

1. 두 명이 한 조가 되어 발을 끈으로 묶어 출발점에 서게 한다.
2. 출발 신호와 함께 10~15미터 앞에 위치한 반환점을 돌아오도록 한다.
3. 이때 진행자가 호루라기를 불면 그 자리에 멈춰 서서 노래에 맞춰 두 명이 호흡을 맞춰 춤을 추도록 한다.
4. 진행자가 다시 한 번 호루라기를 불면 다시 출발하도록 한다.
5. 반환점을 돌아오면 바통을 다음 팀에 넘겨준다. 최종적으로 먼저 들어온 팀이 우승한다.

TIP

2인 3각 진행 중에 음악에 맞쳐 신 나게 춤을 추는 사람에게 간단한 선물을 즉

석에서 주면, 게임은 더욱 흥미진진해진다.

*누구나 잘 알고, 오랫동안 사랑을 받아 온 게임이다. 지금 소개한 방법 외에도 다른 방식으로도 변형시켜 진행하면 더욱 재미있는 놀이가 될 것이다.

■굼벵이 싸움

시간 : 20분
적용 가능 과목 : 체육, 창의적 체험 활동
수업 효과 : 몸을 부딪히며 친밀감을 높일 수 있다.

닭싸움이 서서 하는 게임이라면 굼벵이 싸움은 앉아서 하는 게임이다. 먼저 바닥에 앉은 자세에서 두 무릎을 세운다. 그리고 두 팔로 다리와 종아리를 엇갈려 잡는다. 게임이 진행될 때 절대 두 팔을 다리와 종아리에서 떼면 안 된다. 교사는 팀을 나누어 게임을 진행하는데, 학생이 팔을 떼거나 몸이 넘어져 바닥에 닿으면 아웃으로 처리한다. 즉 학생들은 출발 신호와 함께 조금씩 조금씩 몸을 이동하고 움직여 발바닥, 발등을 이용해 상대방을 넘어뜨리는 것이다.

▪길을 만들어라!(골프공 굴리기)

시간:10~15분
준비물:게임 도구, 바구니, 골프공 또는 탁구공
적용 가능 과목:체육, 창의적 체험 활동
수업 효과:협동심 배양과 소통의 기회를 제공한다.

모둠 대항 게임이다. 교사는 통로 일 인당 한 개(게임 도구, 그림 참조), 바구니, 골프공 모둠별로 다섯 개씩 준비한다. 모든 학생들이 통로를 한 개씩 잡고 골프공이 바닥에 떨어지지 않고 지나갈 수 있도록 통로를 연결하도록 한다. 조장은 선두에 서서 골프공 하나를 굴리고, 자신의 통로로 골프공이 지나가면 재빨리 모둠의 뒤쪽으로 이동해 통로의 길을 연장하도록 한다.

이처럼 학생들은 통로의 길을 최종 목표 지점인 바구니로 향하도록 한다. 그런데 만약 골프공이 통로의 길을 벗어나 바닥에 떨어지게 되면 출발점에서 다시 시작하도록 한다. 이때 학생들은 절대 손으로 골프공을 잡아선 안 된다. 또한 통로에 골프공을 정지시킨 채 바구니 쪽으로 이동해서는 안 된다. 이러한 규칙들을 지켜 골프공을 바구니에 넣으면 되는 경기이다. 각 모둠별로 주어진 골프공 다섯 개를 모두 넣으면 경기는 끝나게 된다.

■ 신문지 활용 게임

시간 : 10~20분
준비물 : 신문, 필기도구
적용 가능 과목 : 국어, 사회
수업 효과 : 신문에 대한 관심도를 높인다.

1. 신문지 글자 빨리 찾기

우리 주변에서 흔히 구할 수 있는 신문지를 활용한 여러 가지 게임들을 소개한다.

가능하면 똑같은 신문을 분단 수에 맞게 준비한다. 진행자는 칠판에 참여자들이 찾아야 할 문구를 제시한다.(예, 천 리 길도 한 걸음부터) 그리고 진행자는 신문을 분단 맨 앞자리에 앉은 학생들에게 배부하고 게임을 시작한다.

첫 번째 자리에 앉은 학생들은 '천'이라는 글자를, 두 번째 자리에 앉은 학생들은 '리'를 찾으며 차례로 맨 뒤의 학생까지 이어진다. 그리고 맨 뒤의 학생이 찾은 후에는 다시 맨 처음 학생에게 전달해 신문에서 속담 글자를 모두 찾으면 이기게 되는 게임이다.

Tip

처음에는 한글 신문으로 하고, 난이도를 높이려면 영자 신문을 활용해도 좋다.

2. 신문지 눈싸움 경기(실외)

먼저 팀을 두 개 팀으로 나눈다. 테이프를 사용하거나 줄넘기 줄 등을 사용하여 두 개 팀의 경계선을 정하도록 한다. 그리고 모든 참여자들에게 신문지 낱장을 한 장씩 나누어 준다. 신문지를 받은 참여자는 신문지를 구겨서 둥근 눈덩이를 만든다. 이때, 학생들이 가진 둥근 신문지 눈덩이 하나는 점수가 -10점임을 알려 준다. 즉, 자신의 팀 진영에 눈덩이가 많을수록 불리함을 알려 준다. 따라서 호루라기 소리에 맞춰서 자신이 만든 눈덩이를 상대편 진영으로 던지는 것이다. 진행자는 1분 정도의 시간을 주고 눈덩이가 적은 팀을 승리 팀으로 판정하면 된다.

Tip

1. 처음에는 신문지(-10점)를 이용해서 게임을 하고, 다음에는 볼풀공(-30)을

이용해서 게임을 진행하면 좋다. 그리고 마지막에는 풍선(-100)을 이용해서 게임을 하면 더욱 흥미진진한 게임이 될 것이다. 즉 게임의 재료를 조금만 다르게 해도 참여자가 느끼는 흥미도는 달라질 수 있다.

2. 제한 시간 1분이 모두 지났는데도 불구하고 눈덩이, 볼풀공, 풍선 등을 던지는 참여자들이 많다. 따라서 진행자는 사전에 1분 종료를 알리는 호루라기 소리 이후에 물건에 손을 대면 -100점 처리하겠다는 규칙을 알리는 것도 좋다. 또는 종료 소리에 맞춰 원래 자리로 먼저 돌아가는 팀에게 질서 점수 500점을 준다는 규칙을 사전에 알리는 것도 효과적이다.

■ 쌓기 상자 놀이

시간:20~30분
준비물:종이 상자
적용 가능 과목:창의적 체험 활동, 수학
수업 효과:공간 능력과 협동심을 배양할 수 있다.

이 게임은 조별이나 분단별 게임으로 적합하다. 먼저 진행자
는 똑같은 크기의 직육면체의 상자를 이용하여 참여자의 키
높이 정도로 상자를 이용하여 쌓기를 하도록 한다. 이후 각 팀
의 대표 참여자가 한 명씩 나와 가위바위보를 해서 순서를 정
하고 쌓기 상자에서 상자 하나를 빼도록 한다. 이후 가위바위
보를 통해 정해진 순서에 따라 대표 참여자가 계속해서 쌓기

상자에서 하나를 빼는 것이다. 이때 상자가 무너지게 되면 그 팀은 벌칙을 받도록 한다.

Tip

쌓기 상자를 빼는 것이 일반적인 게임이었다면, 쌓기 상자를 차곡차곡 쌓아 올리는 게임도 참여자의 반응이 좋다. 가위바위보를 통해 순서를 정하고 정해진 순서에 따라 팀원이 한 명씩 나와 1줄 또는 2줄로(진행자가 정한다. 3줄 이상 할 경우 시간이 오래 걸린다.) 쌓기 상자를 쌓는 것이다. 쌓기 상자는 각 팀별로 각각 쌓아 올리는 것이며, 높이 쌓는 팀이 최종 우승 팀이 된다.

■축구 게임

시간 : 20분
준비물 : 축구공, 호루라기
적용 가능 과목 : 체육, 창의적 체험 활동
수업 효과 : 축구 실력, 남학생, 여학생 상관없이 반 전체
　　　　　학생이 함께 참여하고 즐거워할 수 있는 활동
　　　　　게임이다.

1. 1·5축구

이 게임은 남학생 여학생을 섞어서 A팀, B팀으로 구성한다. 즉 A팀, B팀 각각 남학생 여덟 명, 여학생 여덟 명으로 구성하고 여학생이 먼저 서고, 남학생이 뒤쪽에 선다. 다시 말해, 한 줄로 서는데 1~8번째까지는 여학생이, 9~16번째까지는 남학생이 선다.

운동장 양 끝에는 간이 축구 골대를 준비하도록 한다. 양 팀이 한 줄로 축구장 바깥쪽에 선 가운데 교사는 호루라기를 불며 ○명이라고 이야기한다. 예를 들어, 교사가 세 명이라고 하면, 각 팀에서 세 명이 차례대로 나와 축구 경기를 하는 것이다. 1분 정도의 시간이 경과되면 교사는 다시 호루라기 불고 한 명이라고 이야기한다. 그러면 다음 차례인 학생 한 명이 나와

1:1 축구 경기를 하는 것이다. 이렇게 교사는 하나부터 다섯까지 불러 경기를 1~2분 정도 진행하고 스코어를 확인하도록 한다. 교사는 인원수 조정과 축구 규칙에 따라 프리킥, 코너킥, 반칙 등을 판정하는 심판 역할을 하도록 한다.

2. 짝 축구

남학생과 여학생이 짝을 지어 손을 잡고 진행하는 경기이다. 이때 남학생은 왼발로 차고, 여학생은 오른발로 차도록 한다. 경기 규칙은 여러 가지로 변형이 가능하다. 여학생과 남학생이 손을 잡고 경기를 하는 것은 동일한데, 남학생은 오른발을 사용할 수 있으나 단 슈팅은 여학생이 하도록 하는 것이다. 또는 공이 하나가 아닌 두 개로 진행해도 무방하다. 단, 두 개로 진행할 경우 심판도 두 명이어야 한다.

■ 스카이 댄스

시간:15분
적용 가능 과목:체육, 창의적 체험 활동
수업 효과:움직임 욕구 발현과 반 전체 학생의 참여가
가능한 역동적인 게임이다.

개업한 가게 앞에 서 있는 사람 모양의 풍선이 양팔을 흔드는 스카이 댄스를 본 적이 있을 것이다. 이를 흉내 낸 술래잡기형 게임이다. 먼저 술래 두 명을 정하고 나머지 학생들은 술래를 피해 운동장을 뛰어다닌다. 술래가 학생들을 손으로 치면서 아웃을 시키려고 하면 친구들은 "댄스"를 외치면서 멈춘 자리에서 양팔을 흔들면서 서 있는 것이다. 그런데 이 게임은 얼음땡과 달리 다른 친구들이 춤을 추고 있는 친구를 구해 줄 수 없다. 즉 한 번 "댄스"를 외친 친구는 술래가 바뀌기 전까지 제자리에서 양팔을 흔들고 있어야 한다. 이때 양팔을 이용해 지나가는 친구를 건드리면 터치된 학생 역시 옆에 멈춰 서서 춤을 추는 것이다. 따라서 술래는 게임을 빨리 끝내기 위해 적정한 위치에 스카이 댄스를 세워 놓으면 나머지 친구들은 술래가 조금만 움직여도 스카이 댄스에 의해 멈춰 춤을 출 수 있다.

게임은 술래가 친구들을 잡아서 아웃을 시킬 수도 있고, 대여섯 명을 제외한 모든 친구가 스카이 댄스가 되었을 경우 역시 게임이 종료될 수 있다.

Tip

학생들에게 사전에 게임의 규칙을 정확히 설명하고, 정직하게 게임 규칙을 지켜 게임이 진행되도록 한다. 또한 운동장이 넓은 경우, 최대 행동반경을 제한해 한눈에 게임의 진행 상황을 파악할 수 있어야 한다.

■ 변형 피구 게임

시간 : 20~30분
준비물 : 피구공, 호루라기
적용 가능 과목 : 체육
수업 효과 : 일반적인 피구 규칙을 변형하여 더 재미있는
　　　　　 게임으로 참여율과 몰입도를 높일 수 있다.

1. 일반 피구 경기장을 변형

음영으로 처리된 부분에 A팀 학생들이, 흰색 부분에는 B팀 학생들이 들어간다. 그리고 바깥쪽으로는 상대편 학생들이 서서 공격을 하게 된다.

2. 원형 경기장

일반적인 직사각형 경기장에서 원형 경기장으로 변형을 줘서 진행한다. 직사각형 경기장에서 진행되는 것과 동일하다.

3. 공이 두 개

공 하나로만 하는 피구 경기와 달리 공 두 개로 진행할 경우 더욱 흥미진진하고 웃긴 장면들이 많이 연출된다. 또한 경기 진행 시간도 현저히 줄어든다. 단, 공이 머리나 얼굴에 맞는 경우 아웃이 되지 않는다는 규칙을 정해 다치지 않도록 주의한다.

4. 불사신 피구

경기에 참여하는 학생 가운데 한 명이 불사신이 된다. 한 명은 가위바위보를 통해 선출하거나, 각 팀에서 회의를 거쳐 선발한다. 불사신은 자신의 편 학생들을 최전방에서 보호하는 역할을 한다. 불사신은 횟수에 상관없이 공에 맞아도 아웃이 되지 않는다.

5. 마피아 친구

각 팀에서 비밀 회의를 통해 마피아 한 명을 정하도록 한다. 마피아 친구가 누구인지 상대편이 눈치채지 못하도록 해야 하며, 마피아 친구가 아웃 되는 동시에 경기는 지게 된다. 반대로 상대편의 마피아 친구가 누구인지 잘 판단하여 아웃을 시키도록 한다.

Tip

마피아 친구 한 명, 불사신 친구 한두 명을 선발해서 경기를 진행하면 경기는 더욱 흥미진진하다. 교사는 각 팀의 마피아 친구를 파악하고, 경기 중에 마피아가 바뀌는 일이 없도록 한다.

■ 럭비공 몰기

시간:20분
준비물:럭비공, 반환점, 나무 막대
적용 가능 과목:체육, 창의적 체험 활동
수업 효과:모든 학생이 참여 가능한 쉽고 재미있는 게임이다.

   팀 대항 릴레이 게임이다. 이때 준비물은 럭비공과 1미터 정도 길이의 나무 막대, 그리고 팀 수만큼의 반환점이 필요하다.
   게임 방법은 교사가 호루라기를 불면 학생 한 명이 나무 막대를 들고 럭비공을 툭툭 치면서 반환점을 돌아오는 것이다. 럭비공이 불규칙 바운드로 튀어서 예측 불가능한 경로로 공이 굴러가는 장면이 연출될 것이다. 럭비공을 대신해, 대형 돼지 저금통을 사용해도 좋다.

■ 까막눈

시간 : 15~20분
준비물 : 안대, 호루라기
적용 가능 과목 : 체육, 창의적 체험 활동
수업 효과 : 쉽고 재미있으며, 많은 학생의 참여가 가능
하다.

　술래가 안대를 착용하고 친구들을 잡는 술래잡기 게임이다. 교사는 먼저 술래가 아닌 학생들이 정해진 범위 내에서만 움직이도록 한다. 예를 들어 운동장, 또는 피구장, 또는 영역을 표시해 놓은 공간에서만 움직이고, 약속된 공간에서 벗어나면 '이탈'로 술래가 되도록 규칙을 안내한다. 술래는 정해진 영역에서 두 손을 이용해 친구들을 '찜'하도록 한다. 그런데 술래가 영역을 벗어난 경우, 친구들은 술래에게 "이탈"이라고 외쳐 준다. 이때 술래는 다시 중앙에서 다시 게임을 시작한다.

Tip

　교사는 게임이 진행되는 공간에 장애물 또는 기타 위험 요소가 될 물건들은 반드시 치우도록 한다. 학생 수가 많다면, 술래를 두세 명으로 늘리는 것도 좋다.

■ 신발을 날려라!

시간 : 15~20분
준비물 : 신발, 줄넘기, 테이프
적용 가능 과목 : 체육, 창의적 체험 활동
수업 효과 : 특별한 도구 없이 협소한 공간에서도 모두가
          즐길 수 있는 게임이다.

　　교사는 운동장 중앙에 지름 1미터 정도의 원을 그려 놓는다. 멀리서도 잘 보이기 위해 체육관이라면 테이프를 이용하고, 운동장이라면 줄넘기 줄을 이용해서 원을 표시해도 좋다. 학생들은 약 10~15미터 정도 떨어진 곳에서 신발이 원 안에 들어가도록 날리면 되는 것이다. 교사는 신발이 원 안에 들어간 학생에게 스티커를 주고, 가장 많은 스티커를 받은 학생이 우승자가 된다.

추가 게임

운동장의 중앙쯤에 교사는 줄을 그어 놓거나, 줄넘기 하나를 풀어서 놓아둔다. 학생들은 자신의 신발, 또는 이름이 적힌 실내화를 발로 날리는 것이다. 줄넘기 줄, 또는 표시선에 가장 근접한 사람이 우승하게 되는 것이다.

■ 먹이사슬

시간 : 20분
적용 가능 과목 : 과학, 체육, 창의적 체험 활동
수업 효과 : 가위바위보에 있는 게임적인 요소를 통해,
          생태계의 먹이사슬을 이해할 수 있다.

반 전체 학생이 참여할 수 있는 가위바위보 게임이다.

처음에는 모든 학생이 파리 단계이다. 두 손을 가슴 앞에서 비비면서 파리 흉내를 내다가 다른 파리를 만나면 가위바위보를 한다. 이때 이기는 사람은 파리를 잡아먹은 개구리가 되는 것이다. 지는 사람은 여전히 파리 동작을 하며 다른 파리를 찾아 나선다. 개구리가 된 친구는 개굴개굴 소리를 내며 다른 개구리를 찾아 나선다. 이처럼 게임은 가위바위보를 통해 파리 → 개구리 → 뱀 → 독수리 → 사람으로 바뀌어 가는 게임이다. 마지막에 사람이 되면 자신의 이름을 크게 외치면 된다.

Tip

뱀은 뱀이 기어 가는 소리를 묘사해 '스윽', '쉬익' 정도의 소리와 능구렁이 같은 모션을 취하면 되고, 독수리는 두 팔을 넓게 벌려 독수리 모습을 흉내 낸다.

■수건, 모래주머니, 풍선 돌리기

시간 : 10~20분
준비물 : 어느 물건이든 가능
적용 가능 과목 : 창의적 체험 활동, 체육
수업 효과 : 고전적인 놀이지만 둥글게 앉을 수 있는 공
간만 있다면 쉽게 참여가 가능하다.

둥글게 앉아서만 수건돌리기 놀이를 할 수 있는 것은 아니다. 자리 배치가 어떻든 상관없이 참여자들이 정해진 경로에 따라 수건이나 모래주머니 또는 풍선 등을 전달하면 된다. 그리고 노래가 모두 끝이 난 후 마지막에 물건을 가지고 있는 사람이 술래가 되는 것이다. 진행자는 참여자들이 모두 알 만한 노래를 선정하고 함께 손뼉을 치면서 물건이 전달되는지 확인하면 된다.

Tip

이 게임은 장기자랑 시간에 참여자가 너무 많거나 또는 너무 없을 때 진행하면 유용하다. 이 게임을 진행할 때 중요한 규칙이 두 가지 있다. 하나는 한 사람이 5초 이상 물건을 가지고 있으면 안 된다는 규칙이며 또 하나는 물건을 떨어뜨린 경우, 떨어뜨린 사람이 술래가 된다는 것이다.

■기차놀이

시간:10~15분
적용 가능 과목:창의적 체험 활동, 체육
수업 효과:친구와 스킨십을 통해 친밀감을 높이고, 단
합된 모습을 확인할 수 있다.

어느 정도 활동이 가능한 공간에서 두 명씩 짝을 짓도록 한다. 파트너를 마주 보고 가위바위보를 한다. 가위바위보를 해서 진 사람은 이긴 사람 뒤쪽에서 어깨를 잡는다. 이렇게 두 명으로 구성된 작은 기차가 만들어지는 것이다.

이후 선두에 있는 사람은 두 명으로 구성된 기차를 만나 선두에 있는 사람과 가위바위보를 해서 지면, 상대 쪽의 기차 맨 뒤쪽에 있는 사람의 어깨를 잡으면 된다. 만약 이기면, 계속해서 기차 선두에 있는 사람들과 가위바위보를 계속해 나가면 된다.

진행자는 최종적으로 남은 기차 두 개를 확인하고 각 기차의 선두를 중앙에 모이게 한 후 손을 높이 들어 모두가 보이게 한 다음 최종 가위바위보를 하게 한다.

Tip

1. 참여자들이 기차를 만들어 서로 마주치며 지나갈 때, 하이파이브 식으로 손뼉을 마주치게 하면 분위기는 더욱 고조될 것이다.

2. 기차를 만들어 공간을 돌아다닐 때, 진행자가 "오른손 흔들어.", "오른발 흔들어." 등의 행동을 지시한다면 즐거운 분위기에서 게임이 진행될 것이다.

■ 다양한 술래잡기 놀이

시간 : 15~20분
준비물 : 풍선
적용 가능 과목 : 체육, 창의적 체험 활동
수업 효과 : 달리고, 움직이고, 소리 지르고 싶어 하는 아
이들의 욕구를 채워 줄 수 있는 신 나는 게임
이다.

1. 얼음땡

교사는 먼저 술래를 정하도록 한다. 열 명당 술래 한 명을 정
한다. 따라서 학생 수가 삼십 명이면 술래는 세 명이 적당하다.
술래를 정한 후, 교사는 학생들에게 행동반경의 범위를 정해
준다. 운동장 안에서만 게임을 하고, 미끄럼틀 또는 자동차가
있는 곳으로 가면 반칙이라는 것을 사전에 지도하도록 한다.

교사는 술래에게 풍선을 주고, 술래는 꼭 풍선을 가지고 다
닌다. 이는 학생들이 누가 술래인지를 정확히 파악하기 위함이
다. 학생들은 술래를 피해 돌아다니다, 위험한 순간 "얼음"이라
외치고, 다른 친구들의 "땡"을 통해 다시 움직일 수 있다. 게임
을 진행하다 보면, 멀리서도 얼음에서 풀리게 하는 '물총', '리
모컨' 등의 변칙어가 있는데, 반드시 손으로 어깨나 등을 찜해
줘야 얼음 해제가 됨을 사전 지도한다.

2. 어부와 고기

운동장 한쪽에 줄넘기 등을 이용해 경계선을 표시해 둔다.
이는 고기를 가두어 두는 어장이 된다. 교사는 술래 역할을 할

어부를 선발한다. 어부는 열 명당 두 명이 적당하다. 따라서 반 학생이 삼십 명이면 여섯 명이 적당하다. 어부는 다른 고기들 이 술래를 알아볼 수 있도록 반드시 풍선을 쥐고 활동한다. 또 한 술래인 어부는 전략 회의를 통해 나머지 고기 역할 모두를 어장에 가두는 것을 목표로 게임에 참여한다. 두세 명은 어장 을 지키고 보호하고, 나머지 세네 명은 운동장을 돌며 고기를 잡아오는 것이다. 어부는 어깨나 등에 찜을 해서 고기들을 잡 을 수 있다. 잡힌 고기들은 운동장 한쪽의 어장으로 옮겨지며, 다른 고기들이 "부활"이라고 외치며 어깨나 등을 쳐 주면 다시 살아나 운동장으로 나갈 수 있다. 즉 고기들은 어부들의 감시 가 허술한 틈을 타, 부활할 수 있다.

게임은 고기들이 3~5명 남을 때까지로 진행한다. 그리고 어 장에 갇힌 고기들이 "부활"되지 않은 상태에서 임의대로 돌아 다니지 않도록 한다.

■ 벌칙 게임

시간:5분
준비물:뽕망치, 신 나는 음악
적용 가능 과목:창의적 체험 활동
수업 효과:게임과 활동의 재미를 더하는 효과가 있다.

1. 뽕망치 한 방! 가위바위보

이 게임은 대표자 게임으로 진행해도 좋고 벌칙 게임으로 진행해도 호응이 좋다.

진행자는 뽕망치와 냄비(또는 쓰레받기, 풍선) 등을 준비한다. 게임에 참여하는 두 명은 가위바위보를 해서 승부를 가린다. 이때, 진 사람은 재빨리 냄비 또는 쓰레받기 또는 풍선 (이긴 사람이 뽕망치로 머리를 때릴 때 막을 수 있는 물건) 등 준비된 물건을 이용해 이긴 사람이 뽕망치로 자신의 머리를 때릴 때 피하

도록 한다.

Tip

1. 너무 세게 때리지 않도록 사전에 주의를 주도록 한다.

2. 진 사람이 때리는 것으로 규칙을 바꾸면 재미있는 광경이 벌어진다.

2. 벌칙자 장식 게임

벌칙 게임으로 진행하면 좋은 게임이다. 벌칙을 받으러 나온 사람 두 명이 서로 마주 보고 가위바위보를 한다. 이때 가위바위보에서 이긴 사람은 진행자가 제공하는 물건을 이용해 진 사람을 예쁘게 꾸며 주고 장식해 주면 된다. 진행자는 고무줄, 아프지 않은 빨래집게, 립스틱, 머리핀, 머리띠 등 가운데 하나를 가위바위보에서 이긴 사람에게 준다. 계속해서 가위바위보를 하고 진행자는 이긴 사람에게 한 가지 물건을 주도록 한다.

Tip

1. 너무 가학적인 게임이 되지 않도록 진행자는 벌칙 수위를 조절해야 한다.

2. 진행자는 7~8번 정도로 가위바위보를 진행시키며 마지막에는 벌칙 게임에 임해 준 사람에게 격려의 박수를 보내도록 참가자에게 요청한다.

3. 벌칙 행동 추첨하기

기존의 벌칙은 진행자가 정해 주는 것을 따르는 것이다. 그러나 벌칙 행동도 벌칙자가 직접 정하는 방식이다. 즉 벌칙자가 벌칙 상자에서 추첨을 하고 추첨한 종이에 적힌 지시를 따르는 것이다. 중요한 것은 벌칙자가 추첨하기 전 추첨한 종이의 벌칙 행동을 반드시 따르겠다는 다짐을 받는 것이 중요하다. 진행자는 벌칙 상자에 여러 가지 벌칙 행동들을 적어 준비하도록 한다.

예시

엉덩이로 이름 쓰기, 음악에 맞춰 10초 동안 댄스, 성대모사 하기, 개인기 보여 주기, 친한 친구 한 명 데려와서 커플 댄스, 표정 연기하기(예: 화장실 용무가 급한데 줄이 아주 긴 경우), 자신 있는 노래 1절만 부르기 등등

4. 벌칙자 부활 게임-방석 뺏기

벌칙자가 보통 3~5명 정도 모아지면 벌칙자 부활 게임을 진행할 수 있다. 방석을 벌칙자보다 하나 적게 깔아 놓고 모두가 함께 노래를 부르다가 진행자가 호루라기를 불면 재빨리 방석에 앉는 게임이다. 진행자는 부활시킬 사람 수를 정해 놓고 게임을 계속 진행하면 된다. 부활 게임에서도 방석에 앉지 못하고 탈락된 사람들은 반드시 벌칙을 받아야 할 것이다.

5. 벌칙자 부활 게임-도레미파솔라시도 음계 게임

벌칙자가 두 명 이상 모인 경우, 도레미파솔라시도 음계를 차례로 발성하는 게임이다. 교사는 첫 음 '도' 음을 벌칙자들에게 들려주고, 게임을 시작하도록 한다. 중간에 해당 음을 정확히 발성하지 못하면 부활하지 못하는 것이다.

6. 간지럼 태우기

2인 1조로 진행된 게임의 경우 진 사람은 두 손을 머리 위로 올리고 조용히 눈을 감게 한다. 그리고 교사는 "이긴 사람이 진 사람에게 큰 웃음을 주도록 하겠습니다."라고 이야기하면 이긴 사람이 진 사람 겨드랑이를 간지럼 태운다.

7. 스머프 벌칙

모둠별 또는 2인 1조로 진행된 게임인 경우의 벌칙이다. 교사는 "게임에서 진 사람이 정신이 번쩍 들도록 해 주겠습니다. 눈을 감고 조용히 자리에 엎드립니다. 그리고 이긴 친구는 진 친구의 등에 두 손을 올립니다. 교사의 노래에 맞춰 진 친구의 등을 두드리는 겁니다."라고 말한다. 그리고 스머프 노래에 맞춰 "랄 랄라 랄랄라" 하며 등을 두드린다.

8. 엉덩이로 쓰기

엉덩이로 이름 쓰기, 엉덩이로 자신의 한자 이름 쓰기, 엉덩이로 자신의 영어 이름 쓰기 등.

■ 뉴 스포츠

시간:30분 내외
준비물:각 종목의 준비물
적용 가능 과목:체육, 창의적 체험 활동
수업 효과:쉽게 참여가 가능한 프로그램으로 학생의 몰
입도와 참여도를 높일 수 있다.

*http://www.newsports.co.kr에서 아래 게임들에 대한 정보와 도구 구입
방법을 확인할 수 있다.

1. 스쿠프

갈고리 모양의 채를 가지고 서로 공을 주고받을 수 있다. 익
숙해지면 채를 이용해 공을 던져 특정 물체를 맞추는 게임을
할 수 있다. 또한 팀을 나누어 골대를 정하고 축구와 같이 공
을 넣는 경기도 할 수 있다. 그런데 반드시 채를 이용해 공을
패스해야 한다는 것이 다르다.

Tip

채를 이용하기 때문에 안전사고에 유의해야 한다.

2. 플링고

앞치마처럼 생긴 플링고를 목에 걸고 양손으로 양쪽 끝을 잡고 늘어뜨려 공을 받는 게임이다. 엘라스틱 소재의 플링고 원단은 공이 닿는 순간 놀라운 탄성에너지로 공을 튀어오르게 한다. 게임은 3:3-5:5 팀을 나누어 중간에 네트를 설치해 놓고 진행하면 된다.

3. 플로어 볼

하키와 유사한 경기이다. 각 팀에 골대를 설치하고 공을 패스하며, 상대 골대에 공을 넣는 게임이다. 경기 시작 전 스틱을 허리 위쪽으로 올리지 않도록 지도하고 안전사고에 유의한다.

4. 커롤 링

체육관 바닥에 표적을 먼저 설치하고, 제트롤러를 굴려 표적판에 넣는 게임이다. 중심점에서 가까울수록 점수가 높고 멀수록 점수가 낮다.

5. 패러슈트

4~5미터 지름의 낙하산 천 두 개를 준비하고 각 팀에서 10~15명 정도 되는 학생들이 잡는다. 학생들은 교사가 "잡아라."라고 외치면 낙하산 안쪽으로 몸을 숨기려고 들어간다. 그리고 "부풀어라." 하면 낙하산 천을 바닥에 두고 잡아서 공기가 빠져나가지 못해 볼록한 모양이 되도록 하는 것이다.

6. 스포츠 스태킹

컵 12개를 이용해 다양한 방법으로 피라미드 모양을 비롯한 여러 가지 모양을 쌓고 허무는 기술과 스피드를 요하는 게임이다. 스포츠 스태킹은 일반 컵과 달리 슬라이딩이 쉽게 만들어진 컵으로 표면이 매끈하다.

7. 우드 핸들러

핸들러는 탁구와 배드민턴을 접목시킨 배드민턴형 뉴 스포츠이다. 상품명은 '핸들러'라 한다. 좁은 공간이나 앉아서도 게임을 즐길 수 있는 종목으로 한 손만으로 이용하는 테니스와 탁구 등과는 달리 양손을 사용하여 즐길 수 있기 때문에 균형감각 향상에 효과적이다.

8. 티 볼

야구와 거의 흡사한 게임이다. 그러나 투수가 공을 던져 타자가 공을 치는 것이 아닌 배팅 티에 공을 올려놓고 타자가 스스로 타이밍을 정해 타격을 하는 것이다.

■플라잉 디스크

시간:20~30분
준비물:플라잉 디스크, 훌라후프, 깃발, 축구 골대
적용 가능 과목:체육, 창의적 체험 활동
수업 효과:간단한 도구로 여러 학생들이 즐길 수 있는
　　　　　프로그램이다.

접시처럼 생긴 원반을 던지는 것을 플라잉 디스크라고 한다. 원반을 던져 다양한 게임을 할 수 있다.

1. 훌라후프 통과

교사는 운동장 중간에 훌라후프를 세워 고정시켜 놓고, 학생들이 플라잉 디스크를 던져 통과시키도록 하는 것이다.

2. 골인!

운동장에 있는 축구 골대를 활용하는 게임이다. 축구 골대 안에 한두 명 학생이 들어가 있고 나머지 학생들이 돌아가며 플라잉 디스크를 던져 넣는 게임이다.

3. 서로 주고받기

가장 기본적인 게임으로 플라잉 디스크를 던지고 받는 몸풀기 게임이다.

4. 멀리 던지기

플라잉 디스크를 멀리 던지는 게임이다. 그런데 장외 지점을 정해 일정 구역 안에서 날리도록 한다.

5. 골프

운동장의 중앙 한 지점에 양궁 표적처럼 둥글게 목표 지점을 정하고 중앙에 깃대를 세워 둔다. 중앙 부분 5점에서부터 1점 사이의 구역을 정하고 학생들이 플라잉 디스크를 던져 낙하 지점을 확인한 후 점수를 획득하는 팀 대항 게임이다.

Tip

안전사고를 예방하기 위해 고무 재질로 된 플라잉 디스크를 사용하는 것이 좋다. 학생들에게 가까운 거리에서는 던지지 않도록 사전에 지도한다.

■ 농구 변형 게임

시간 : 20~30분
준비물 : 의자 2개, 피구공, 훌라후프
적용 가능 과목 : 체육, 창의적 체험 활동
수업 효과 : 운동에 흥미가 없거나, 키가 작은 아이들도
함께 어울려 참할 수 있는 활동 게임이다.

운동장에서 진행할 수 있는 게임이다.

1. 교사는 튼튼한 의자 두 개와 피구공 한 개를 준비한다.
2. 운동장 양 끝에 의자를 두고 각 팀의 주장 학생 한 명이 의자 위에 올라선다.
3. 그런 후 팀을 나누어 경기를 진행하는데, 득점을 얻기 위해 패스를 진행하다가 의자 위에 서 있는 자신의 팀 주장에게 공을 던진다. 이때, 주장이 공을 잘 받으면 득점하게 된다.

게임의 규칙은 참여 학생의 연령에 따라 변형이 가능한데, 럭비처럼 들고 뛰는 학생들이 있기 때문에 공을 잡고 세 걸음 이상 가지 않도록 한다.

Tip

의자 대신 훌라후프를 이용할 수 있다. 운동장 양 끝에서 훌라후프를 농구 골대처럼 잡고 있고, 학생들은 팀을 나누어 패스를 하다가 훌라후프에 공을 집어넣으면

된다. 이때, 훌라후프를 잡고 있는 각 팀의 주장이 좌우로(앞뒤로는 안 됨) 움직일

수 있게 하면 경기는 더욱 흥미진진하다.

■ 낙하산 게임

시간 : 20분
준비물 : 낙하산 천, 공, 호루라기
적용 가능 과목 : 체육, 창의적 체험 활동
수업 효과 : 협동하여 미션을 수행함으로써 친구들 간의
          소통의 기회를 늘리는 효과가 있다.

*2012년 7월 3일 자 소년조선일보에 소개된 서울 대림초 김갑철 교사의 수업
아이디어인 낙하산 게임을 참고했다.

　낙하산 천을 준비하고 청군, 백군 팀을 나누고 학생들이 둥
근 모양의 낙하산 천을 잡고 선다. 교사는 낙하산 천 위에다
공을 두 개 올려놓는다. 하나는 청군 쪽의 공이고, 다른 하나
는 백군 쪽의 공이 된다. 학생들은 둥근 천을 잡은 상태에서 자

기 팀의 공이 떨어지지 않도록 낙하산 천을 팅기고, 당기고, 올리고, 내린다. 그런데 절대 손을 사용해서는 안 된다. 백군 팀의 공이 떨어지게 되면 게임은 청군 팀의 승리이다. 공을 탱탱볼, 배구공, 테니스공, 럭비공 등으로 바꾸어 가면서 진행해도 흥미롭다.

　낙하산 천을 이용해 다른 게임도 진행이 가능하다. 낙하산 천을 잡고 있다가 교사가 호각을 불면, 재빨리 낙하산 천 안으로 들어가는 것이다. 이때, 가장 늦게 들어가는 학생이 벌칙을 받게 되는 게임이다.

　낙하산 천을 이용해 릴레이 게임도 가능하다. 낙하산 천 위에 대형 애드벌룬 공, 또는 다른 공을 올려놓고, 학생 5~8명이 공이 떨어지지 않도록 낙하산 천을 잘 잡고 반환점을 돌아오는 경기도 가능하다.

■ 공 굴리기

시간 : 10분
준비물 : 테이프, 호루라기, 볼링 핀, 공
적용 가능 과목 : 체육
수업 효과 : 단순한 게임으로 모두가 참여할 수 있다.

팀을 나누고, 학생들은 출발선 앞에 한 줄씩 서도록 한다. 그리고 출발선에서 약 10미터 정도 떨어진 곳에 교사는 둥근 원을 표시한다. 강당이라면 테이프를 붙이고, 운동장이라면 끈을 이용하면 된다. 학생들은 공을 손으로 잡고 호각 소리에 맞춰 굴려서 표시된 원 안에 집어넣으면 된다.

변형 게임

학생들이 공을 굴리는 것은 동일한데, 둥근 원이 표시된 쪽에 볼링핀을 두도록 한다. 그렇게 해서 학생들이 공을 굴려 볼링핀을 많이 넘어뜨리는 경기로도 진행이 가능하다. 이 경우 공을 굴리든, 공을 던지든, 공을 튕겨서 볼링핀을 넘어뜨리든 상관없다.

■ 캥거루 뛰기

시간 : 10~20분
준비물 : 포대, 반환점, 호루라기
적용 가능 과목 : 체육, 창의적 체험 활동
수업 효과 : 역동적인 활동 게임으로 모두가 즐겁게 참여
하며 웃을 수 있는 프로그램이다.

팀 대항 릴레이 게임이다. 교사는 포대 자루를 참여하는 팀 수의 2배만큼 준비한다. 게임 방법은 학생이 포대 자루에 들어가 손으로 포대를 잡고 발을 캥거루처럼 뛰면서 반환점을 돌아오는 것이다. 모든 학생들이 참여하고, 마지막 학생이 먼저 결승점에 들어오는 팀이 우승하게 된다. 경기가 진행되는 도중에 교사가 호루라기를 불면 학생들은 자리에 멈춘 다음 신 나는 음악에 맞춰 춤을 추다가, 다시 교사가 호루라기를 불면 출발하도록 한다면 더욱 즐거운 게임이 될 것이다.

■ 거울 체조

시간:10분
준비물:없음
적용 가능 과목:체육
수업 효과:남 앞에 서기 싫어하는 학생도 자연스러운
         분위기 속에서 자신감을 회복하고 즐거움을
         느낄 수 있다.

체육 시간에 국민체조, 청소년 체조를 마친 후 둥근 원을 만들어 선다. 그리고 번호대로 또는 순서를 정해 한 명씩 원 중앙에 나와서 자신이 원하는 체조를 한다. 그러면 나머지 친구들이 구령에 맞춰 중앙에서 체조하는 친구의 모습을 그대로 따라한다. 이후, 다음 순서인 친구가 같은 방법으로 나와서 중간에서 체조를 한다.

재미있는 동작, 연예인들의 댄스 동작 등 어떠한 동작도 괜찮다. 음향 기기가 준비된다면 음악에 맞춰 더욱 흥겨운 시간이 될 것이다.

■둥근 원 릴레이

시간:10분
준비물:바통, 반환점
적용 가능 과목:체육
수업 효과:누구와 비교하기보다 우리가 최선을 다하면
된다는 생각을 심어 줄 수 있다.

보통 운동장 계주를 하고 나면 "누구 때문에 졌다." "누가 느리게 달려서 졌다." 하는 불만 섞인 목소리가 나온다. 이를 방지하기 위한 방법이다. 네 개 반이 계주를 한다고 하면 운동장이나 강당에 주로 반환점을 이용해서 원을 표시한다. 그리고 원의 네 지점을 출발점으로 정한다. 이 지점에서 각 반 계주 선수들이 순서대로 선다. 그리고 화살표 방향으로 달려 다음 선수에게 바통을 전달하면 된다. 그리고 마지막 계주 선수가 모두 달리고 나서 원 중앙에 있는 깃발을 흔들면 우승하게 된다.

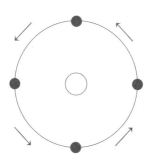

제6장
명랑 운동회 프로그램

점프! 점프!
뒤집고 뒤집기!
잡고 함께 뛰기!
볼풀공 농구
몸집 늘리기
애드벌룬 만들기
징검다리 건너기
단체 줄넘기
훌라후프 통과하기
지구를 옮겨라(대형 공)
작전 줄다리기
놋다리밟기
하늘 위를 날아라
날아라 양탄자
우리가 제일 잘 떠들어!
꼬리잡기

■ 점프! 점프!

시간:5~10분
준비물:1미터 길이의 PVC 파이프, 줄넘기
적용 가능 과목:과학, 창의적 체험 활동
수업 효과:반 전체 학생이 동시에 함께 참여하여 단합
심을 기를 수 있다.

지름이 10~12센티미터, 길이 1미터의 PVC 파이프를 두 개 준비한다. 만약 파이프를 구하기 힘들다면, 벽지를 취급하는 지물포에서 벽지를 말 때 쓰는 원형 막대 통을 구해서 활용할 수 있다. 파이프나 원형 막대 통 안에 줄넘기를 통과시켜 학생 두 명이 양쪽에서 원통을 굴릴 수 있도록 준비한다. 즉 학생 두 명이 줄넘기를 끌면 원통이 바닥에서 구를 수 있도록 하는 것이다.

교사는 학생들을 두 팀으로 나누고 각 팀 학생들을 두 줄로 세운다. 원통에 담긴 줄넘기 양 끝을 잡은 술래 학생은 출발 신호와 함께 원통을 학생들이 서 있는 발밑으로 끈다. 이때 학생들은 원통이 자신의 발에 걸리지 않도록 옆 친구의 손을 잡고 제자리에서 점프를 한다. 술래 학생들은 각 팀의 맨 마지막 줄까지 원통을 이동시킨 후 돌아서서 다시 줄로 달려온다. 학생들은 이때 옆 사람 손을 잡고 한 번 더 점프하는 것이다.

교사는 왕복 2~3회의 미션을 주고 게임을 계속 진행시킬 수 있다.

점프! 점프! 게임을 시작하기 전에 게임에 익숙해지도록 1회 연습 기회를 가지는 것이 좋다. 경쟁이 치열해지면 술래 학생들이 재빠르게 이동하다가 원통에 걸려 넘어져 다칠 수가 있다. 따라서 저학년의 경우 원통이 먼저 들어오는 팀이 이기는 것이 아니라 한 명도 안 넘어진 팀이 이기는 것으로 규칙을 변경할 수 있다. 그리고 야외에서 게임 진행 시, 출발 신호는 호루라기를 이용하도록 한다.

■ 뒤집고 뒤집기!

시간:10분
준비물:긴 막대, 반환점, 바통
적용 가능 과목:체육, 창의적 체험 활동
수업 효과:친구들과 협력해서 미션을 이룸으로써 협동
심, 단합심을 기를 수 있다.

종이 박스를 이용해 15×15센티미터의 정사각형을 여러 개
자른다. 최소한 직사각형 종이 오십 개 이상을 준비하고 종이
의 한쪽은 셀로판지 빨간색을 붙이고 다른 한쪽은 노란색을
붙이도록 한다. 즉 종이 양면의 색깔이 다른 양면 카드를 제작
하는 것이다.

교사는 양면 카드가 모두 완성이 되면, A, B 두 개 팀으로
나누어 경기를 진행한다. A팀은 출발 신호와 함께 달려와 카드
를 빨간색이 보이도록 뒤집고, B팀은 노란색이 보이도록 뒤집
는 것이다. 다시 말해, 1분의 제한 시간 안에 서로의 카드를 뒤
집고 또 뒤집는 것이다. 흔히 학생들이 범하는 대표적인 반칙이
있는데, 꼭 사전에 안내할 사항이 네 가지 있다.

1. 경기 중에 카드를 손에 모아서 들고 있어서는 안 된다.
2. 카드를 한쪽으로 모은 뒤 발로 밟고 있거나, 엉덩이로
   깔고 앉아서도 안 된다.
3. 카드를 상대 팀이 보이지 않도록 한쪽에 숨기거나 카드
   를 이쪽저쪽으로 날려서도 안 된다.

4. 제한 시간이 종료되면, 교사가 종료 호각을 부는데 이때
   손을 머리에 두고 바로 본래 위치로 돌아가는 것이다.

경기가 끝나면, 어느 쪽 카드가 많은지 확인해야 하는데 한
쪽이 현저히 많음을 확인할 수 있으면 굳이 카드 수를 세어 보
지 않아도 된다. 그러나 눈짐작으로 승부를 가르기 힘들다면
각 팀에서 몇 명이 나와 자기 팀 색깔의 카드를 모아 높이 쌓
아 보게 한다. 그러면 높이 쌓은 팀이 승리하게 되는 것이다.

Tip

남녀를 섞어서 경기를 진행하는 것보다, 남학생끼리 경기를 하고 여학생끼리
경기를 진행하는 것이 안전하다. 만약, 학생들이 종료 호각을 불었는데도 계속 카
드를 뒤집는 경우, 규칙을 잘 지킨 팀에게 '질서 점수'를 부여하는 것도 방법이다.

■잡고 함께 뛰기!

시간:10분
준비물:긴 막대, 반환점, 바통
적용 가능 과목:체육, 창의적 체험 활동
수업 효과:단시간에 집중하여 게임에 참여하게 된다.

　팀 대항 게임으로 다섯 명이 한 조가 되어 막대를 잡고 일정한 거리를 달려 다음 팀에게 바통을 전달하는 경기이다. 교사는 150~200센티미터 길이의 나무 막대 또는 플라스틱 막대, 바통, 반환점을 준비한다.

　다섯 명이 한 조가 되어 다섯 명 모두는 한 손 또는 두 손으로 막대를 잡는다. 그리고 다섯 명 중 한 명은 바통을 잡고 뛰

286

어 다음 조에게 바통을 전달하면 된다. 일반 릴레이 경기처럼 운동장을 돌아 다음 선수에게 바통을 전달하는 방법으로 진행해도 되고, 반환점을 설치해 돌아온 후 다음 팀에게 바통을 전달하는 방법도 좋다.

Tip

각 팀당 막대가 2개씩 준비된다면, 다섯 명 학생이 한 줄로 선 후 양손으로 막대를 들고 뛰어서 반환점을 돌아오는 경기를 할 수 있다. 2인 3각 경기가 발목을 고정시켜 함께 뛰는 경기라면, 이 게임은 손을 고정시킨 후 함께 뛰는 경기이다.

■볼풀공 농구

시간:10분
준비물:볼풀공, 바구니
적용 가능 과목:체육, 창의적 체험 활동
수업 효과:누구나 쉽게 참여 가능한 게임으로 즐겁게
          시간을 보낼 수 있다.

　두 교사가 각각 머리 위로 바구니를 들고 있도록 한다. 나무
막대가 있으면 투명 테이프를 이용해 바구니를 고정시키도록
한다. 학생들은 두 팀으로 나누어 시작 신호와 함께 달려와 바
닥에 펼쳐져 있는 볼풀공을 던져서 자신의 팀 바구니에 넣으면
된다. 학생들이 저학년이라면, 두 교사가 나란히 서 있지 말고
제한 시간 안에 운동장을 돌아다니며 학생들이 더 움직이면서
공을 넣을 수 있도록 변형하여 진행해도 좋다.
　경기가 끝나면, 공의 개수를 세어 우승 팀을 가리면 된다.

■몸집 늘리기(피에로 만들기)

시간:20분
준비물:큰 멜빵 옷, 풍선 100개
적용 가능 과목:체육, 창의적 체험 활동
수업 효과:대표 학생의 모습만으로도 웃음이 지어지며,
　　　　　많은 친구들이 쉽게 참여 가능하다.

　교사가 각 팀에 풍선 100개씩을 준비하고 각 팀 대표 학생
한 명을 선발하고 넉넉한 멜빵 옷을 입힌다. 교사가 출발 신호
를 하면, 학생들은 준비된 풍선을 불고 대표 학생이 입고 있는
멜빵 옷 안에 풍선을 집어넣도록 한다. 제한 시간 3분 동안 대표
학생의 몸집이 가장 크게 늘어난 팀이 이기게 된다. 교사는 몸
집 늘리기 게임이 끝나면, 이어서 대표 학생이 자신의 몸에 있
는 풍선을 몸을 이용해 빨리 터트리는 경기를 진행할 수 있다.

■ 애드벌룬 만들기

시간 : 20분
준비물 : 애드벌룬 보호 천, 풍선 100개, 초시계, 호루라기
적용 가능 과목 : 체육, 창의적 체험 활동
수업 효과 : 애드벌룬을 아이들이 협동하여 만들 수 있
고, 누구나 쉽고 즐겁게 참여가 가능하다.

애드벌룬을 감싸는 천 커버가 있다. 애드벌룬을 보호하기 위
해 있는 천 커버를 이용한 게임이다. 교사는 각 팀당 풍선을
100개씩 준비한다. 시작 신호와 함께 학생들은 풍선을 불어 애
드벌룬 안에 풍선을 집어넣도록 한다. 제한 시간 2분 안에 가장
큰 애드벌룬을 만든 팀이 이기는 경기이다.

교사는 첫 번째 애드벌룬 만들기 경기 이후, 만들어진 애드
벌룬을 이용해 여러 가지 게임을 추가로 진행할 수 있다.

1. 학생들이 제자리에 선 채로 두 손을 이용해 애드벌룬을 뒤로 넘기고, 다시 앞으로 전달하는 '지구 옮기기' 게임이 가능하다.
2. 두 명이 한 조가 되어 애드벌룬을 굴려 지정된 반환점을 돌아오는 게임이다.

■징검다리 건너기

시간:20분
준비물:욕실 의자 열 개
적용 가능 과목:체육, 창의적 체험 활동
수업 효과:함께 웃으며 의지하는 가운데 팀워크가 좋아
지는 효과가 있다.

각 팀별로 목욕탕 의자를 열 개씩 준비한다. 교사는 출발점
으로부터 약 20미터 정도 떨어진 곳에 반환점을 설치한 후, 각
팀별로 게임 참여 선수 다섯 명과 보조 선수 네 명씩 선발한다.
　게임 시작 신호와 함께 보조 선수 두 명은 욕실 의자를 선수
들이 밟고 이동할 수 있도록 설치한다. 선수 학생은 욕실 의자
를 차근차근 하나하나 밟으며 앞으로 전진한다. 이때, 욕실 의
자가 아닌 바닥을 밟게 되면 처음부터 다시 시작하도록 한다.

선수 한 명이 반환점을 돌아오면 다음 선수가 출발하고, 다섯 명이 모두 골인 지점에 들어오면 게임이 끝나게 된다.

Tip

선수가 혼자 욕실 의자를 넘는 것도 좋지만, 양손을 잡아 주며 도와주는 도우미 두 명을 선발해 게임을 진행해도 좋다.

■ 단체 줄넘기

시간:20~30분
준비물:긴 줄넘기 줄
적용 가능 과목:체육, 창의적 체험 활동
수업 효과:단결, 단합의 효과가 있다.

각 팀의 대표 선수 여섯 명이 나와서 두 명은 줄을 돌리고 나머지는 줄넘기를 하는 것이다. 중요한 것은 진행 방법인데 3~5분 정도 연습 시간을 주고, 실전에서 줄넘기 개수를 세는데 두 개 이상의 개수를 세도록 한다.

즉 처음 줄에 걸리는 것은 무조건 인정하지 않는 것이다. 팀 대항으로 진행할 때, 가위바위보로 정한 순서대로 줄넘기를 하고 이어서 모든 팀이 한 번 더 줄넘기를 해서 합산한 후 가장 많이 줄넘기를 한 팀이 우승 팀이 되도록 한다.

■ 훌라후프 통과하기

시간:20~30분
준비물:훌라후프
적용 가능 과목:체육, 창의적 체험 활동
수업 효과:팀원 한 명 한 명의 소중함을 알게 하고 협력
하는 태도 향상에 도움이 된다.

모둠 대항 게임이다. 모둠별로 훌라후프를 10개씩 준비한다. 모둠원들은 교사를 바라보고 1열 횡대로 선 후 옆 사람과 손을 잡는다. 모둠의 왼쪽에 서 있는 조장 학생은 훌라후프를 자신의 머리부터 발끝까지 통과시킨 후 옆 사람에게 전달하고 다음 학생 역시 같은 방법으로 훌라후프를 마지막 학생까지 전달하는 게임이다.

이때 맨 왼쪽에 있는 조장 학생이 훌라후프를 출발시키기 위해 손을 사용하는 것 외에는 절대 손을 사용할 수 없다.

중요한 규칙은 홀라후프가 마지막 학생까지 전달되는 것을 확인하고 조장 학생은 다음 홀라후프를 출발시키는 것이다. 이는 다른 친구들이 어떻게 게임에 참여하는지 바라보는 재미도 있고, 같은 팀원으로서 응원과 격려를 보내 주기 위함이다.

홀라후프 열 개 모두 조장 학생을 출발해 마지막 학생까지 도착하면 팀원 전원이 뛰면서 "화이팅!"이라고 외친다.

■ 지구를 옮겨라(대형 공)

시간 : 15분
준비물 : 애드벌룬, 송풍기
적용 가능 과목 : 체육, 창의적 체험 활동
수업 효과 : 한 명도 소외되는 사람 없이 모두가 참여가
　　　　　 가능하며, 협동심을 길러 주는 효과가 있다.

두 개 팀으로 나누어 진행하는 게임이다. 각 팀별로 두 줄로 세우고 학생들은 두 손을 높이 들도록 한다. 교사는 대형 애드벌룬 공을 두 개 준비하고 각 팀 맨 앞에 두도록 한다. 교사가 호루라기를 불어 게임이 시작되면, 맨 앞줄의 학생은 애드벌룬 공을 공중에 띄워 공을 뒤쪽으로 넘기도록 한다.

학생들은 반드시 손을 이용해 공을 맨 뒤에 서 있는 학생에게 전달하도록 한다. 그리고 맨 뒤쪽에 있는 학생은 애드벌룬

을 다시 맨 앞쪽으로 전달하도록 한다. 즉 애드벌룬이 앞에서 시작해서 맨 뒤쪽까지 갔다가 다시 앞으로 돌아오는 것이다.

게임을 진행할 때, 학생들이 공중에 있는 애드벌룬이 바닥에 닿았다고 발로 차지 않도록 지도해야 한다. 또한 상대편 진영 쪽으로 공이 가지 않도록 무리하게 힘을 가하지 않도록 해야 한다.

게임은 왕복 2~3회로 진행한다. 그리고 학생들이 두 줄로 서 있다가 한 줄로 서도록 한 후, 게임을 진행해도 색다른 재미가 있을 것이다.

Tip

1. 본격적인 게임을 시작하기 전, 왕복 1회의 연습 게임을 진행하는 것이 좋다. 어떻게 게임이 진행되는지 알 수 있고 나름의 요령도 터득할 수 있는 시간이 될 것이다.

2. 만약 저학년 학생들이라면 앉은 채로 이 게임을 진행하는 것이 좋다. 서서 진행할 경우 안전사고의 위험이 있기 때문에 행동반경을 줄이기 위해 앉은 채로 두 손을 들고 같은 방법으로 진행하는 것이다.

3. 저학년이라면 '대형 공 굴리기'를 진행해도 좋다. 반환점을 준비하고 한 조에 세 명으로 나눈다. 학생들은 대형 공을 굴려 반환점을 돌아오고 이어서 다음 조가 출발하는 것이다.

■작전 줄다리기

시간:20~30분
준비물:줄다리기 줄 세 개, 장갑
적용 가능 과목:체육, 창의적 체험 활동
수업 효과:작전을 수립하고 게임에 참여함으로써, 단
   결, 단합하는 효과가 있다.

일반적인 줄다리기 경기를 변형한 게임이다. 두 개 팀으로 나
누어 진행하며, 교사는 각 팀을 각각 운동장의 왼쪽 끝과 운동
장의 오른쪽 끝으로 나누어 서도록 한다. 그리고 운동장 중간
에 약 10미터 정도 길이의 줄을 세 개 두도록 한다. 이때 줄 사
이의 간격은 3~5미터 정도 두도록 한다. 이는 아이들 간의 충
돌을 막기 위한 것이다.

교사가 호루라기를 불면 아이들은 양쪽 끝에서 출발해 운동장 중앙으로 달려와 줄 세 개 중에 하나를 잡고 자기편 진영으로 줄을 가져간다. 줄 세 개 가운데 두 개 이상의 줄을 가져가는 팀이 이기게 된다. 따라서 학생들은 게임이 시작되기 전에 작전을 짜고 게임에 참가하는 것이 중요하다. 또한 교사는 줄다리기 줄이 정확히 중앙에 위치하도록 신경을 쓴다. 학생들이 이 게임에 참가할 때는 반드시 장갑을 끼고 참여하도록 한다.

■ 놋다리밟기

시간 : 10~20분
적용 가능 과목 : 체육, 창의적 체험 활동
수업 효과 : 신뢰감 형성과 단결, 단합의 효과가 있다.

전통 놀이인 놋다리밟기는 이렇게 진행한다. 두 개 팀으로 편성한 후 각 팀에서 키가 큰 학생 두 명, 몸무게가 적게 나가는 학생 한 명을 선발한다. 그리고 나머지 친구들은 몸을 구부려 양손은 무릎을 잡고 허리와 등이 최대한 평평하도록 유지한다. 그리고 친구들 사이의 간격은 최대한 좁혀서 서도록 한다. 그러면 몸무게가 적게 나가는 친구가 신발을 벗고 그 위를 키가 큰 친구 두 명의 손을 잡고 천천히 이동하면 된다.

Tip

안전사고가 발생하지 않도록 교사는 사전에 지도를 철저히 한다. 몸을 구부리고 있을 때 장난치지 않기, 놓을 밟는 친구가 너무 성급하게 이동하지 않기, 그리고 놓을 밟기 위해 오르고 내릴 때 주의하기 등이다.

■하늘 위를 날아라

시간 : 15분
준비물 : 대형 천, 바통
적용 가능 과목 : 체육, 창의적 체험 활동
수업 효과 : 팀워크 상승과 단합된 마음을 가지게 하는
효과가 있다.

대형 천을 팀 수만큼 준비한다.(너비 2미터 길이 30미터 이상)
각 팀에서 몸무게가 적게 나가는 학생 세 명을 선발한다. 그리
고 나머지 친구들은 대형 천을 풀어 천 끝을 잡아서 길을 만든
다. 이때 천은 절대 바닥에 닿지 않도록 한다. 학생들이 팽팽하
게 천을 잡아 길을 만들면 교사의 시작 신호와 함께 학생은 한
쪽 끝에서 다른 한쪽 끝으로 천 위를 달린다. 이를 릴레이 형식
으로 진행하면 된다. 혹, 천의 길이가 너무 길다면 천을 반으로
접어 진행한다.

■ 날아라 양탄자

시간 : 10~15분
준비물 : 끈이 연결된 두꺼운 천, 반환점
적용 가능 과목 : 체육, 창의적 체험 활동
수업 효과 : 모둠원이 함께 호흡함으로써 단결된 마음과
태도를 가지게 된다.

　가로 세로 1미터 정도 크기의 두꺼운 천과 이와 연결된 끈이
두 개 있는 게임 도구를 팀 수만큼 준비한다. 각 팀은 5인 1조
로 3~4개 조를 구성한다. 두 명은 양탄자의 끈을 잡고 나머지
세 명은 양탄자 위에 올라간다. 다섯 명이 호흡을 잘 맞추어 앞
으로 전진한다. 즉 세 명은 점프를 하고 두 명은 앞으로 천을
끄는 것이다. 이와 같은 방법으로 반환점을 돌아 다음 조에게
전달하면 된다.

■우리가 제일 잘 떠들어!

시간:5분
준비물:소음 측정기 또는 스마트폰
적용 가능 과목:창의적 체험 활동
수업 효과:함성을 지르며 스트레스를 해소하고, 친구
들과 한목소리를 내면서 단합된 모습을 가질
수 있다.

　조별로 팀을 구성한 후, 교사는 조장을 선출하고 조 이름과 구호를 정하도록 한다. 그리고 각 조별로 응원의 함성을 지르도록 하는데, 이때 가장 목소리가 큰 팀에게 응원 점수를 줄 수 있다. 그런데 응원 점수 배정의 근거는 바로 소음 측정기이다. 각 조별로 조 구호와 응원가, 응원 함성을 외칠 때 가장 높은 데시벨을 확인해서 팀 경쟁을 시키는 것이다.

Tip

소음기를 구할 수 없다면 소음 측정기 애플리케이션을 무료로 내려받아 사용할 수 있다.

■ 꼬리잡기

시간 : 10분
적용 가능 과목 : 체육, 창의적 체험 활동
수업 효과 : 자연스러운 스킨십을 통해 친밀감을 높일 수
있다.

2~3개 팀으로 나누어 팀별로 한 줄로 선다. 그리고 학생들은 앞사람의 옆구리나 허리를 잡고 앞사람을 놓치지 않도록 한다. 게임에서 승리하기 위해 팀 선두 학생은 다른 팀의 맨 마지막에 서 있는 꼬리 학생을 잡으면 된다. 선두 학생은 방어와 공격을 병행해야 하며, 또한 학생들의 대열이 끊어지지 않도록 주의해야 한다.

Tip

마지막 학생에게 모자를 씌워서 진행하면 교사는 쉽게 경기 진행 상황을 파악할 수 있다.

306

제7장
기타 프로그램

■ 차 안에서 하는 레크리에이션

시간:10~15분
수업 효과:지루한 시간에 활기찬 분위기를 연출할 수
있다.

달리는 차 안에서 진행할 수 있는 게임들을 소개한다. 고속으로 버스가 달리기 때문에 학생들이 버스 안을 돌아다니며 하는 게임은 위험하다. 진행자는 마이크를 이용해서 게임을 설명하고 학생들이 말을 해야 하는 경우 마이크를 이동시켜야 한다.

도착 시간 맞히기

조별 또는 개인별로 참여할 수 있는 게임이다. 진행자는 현재 지점부터 도착지까지의 거리, 현재 차량의 속력, 현재 시간 등에 대한 정보를 제공한다. 그리고 버스의 시계를 기준으로 하며, 버스의 문이 열리는 시간을 도착 기준으로 한다고 알려 주어야 한다. 진행자는 종이와 펜을 준비해서 학생들의 예상 시간을 기록하게 한 후, 가장 근삿값을 맞힌 학생에게 숙소에서 시상하도록 한다.

메시지 전달 게임

버스는 중앙 복도를 기준으로 왼쪽, 오른쪽 2분단으로 나누

어져 있다. 따라서 왼쪽 팀과 오른쪽 팀 대항으로 게임을 진행한다. 메시지 전달 게임은 진행자가 준비한 문장을 첫 번째 사람에게 귓속말로 전달하면 첫 번째 사람이 다음 사람에게 전달해서 마지막 사람에게까지 전달하는 게임이다. 진행자는 학생들이 메시지를 전달하는 순서가 헷갈리지 않도록 사전에 충분히 알려 주어야 한다. 마지막 학생은 메시지를 전달받으면 손을 들고 의사 표시를 하도록 해야 한다.

(버스 안에서 걸어 나오지 않도록 주의!)

Tip

전달하는 메시지는 학생들의 수준에 따라 문장의 길이와 내용을 달리해야 한다. 주로 속담, 격언, 수련회 주제 등이 좋으며 중간에 영어 문장을 섞는 것도 흥미를 더할 것이다.

난센스 퀴즈

버스에서 가장 쉽고 간단하게 할 수 있는 게임이 바로 난센스 퀴즈이다. 진행자는 가장 먼저 손을 드는 사람에게 정답을 말할 수 있는 기회를 주기보다, 바른 자세로 조용히 손을 드는 사람에게 기회를 준다고 알리고 게임을 진행한다면 학생들은 차분한 분위기에서 게임에 참여할 것이다.

버스 중앙 복도를 기준으로 왼쪽 팀과 오른쪽 팀 대항으로 게임을 진행하고 우승한 팀에게 먼저 식사를 하게 해 준다는 등의 타이틀을 걸어 진행하면 좋다. 난센스 퀴즈뿐만 아니라 아이들이 알고 있을 여러 가지 시사 상식, 역사 관련 퀴즈들도 더하면 좋을 것이다.

■ 독서 프로그램 게임 활동

시간 : 20~30분
준비물 : 종이와 필기도구
적용 가능 과목 : 국어, 창의적 체험 활동
수업 효과 : 듣고 말하고 읽고 쓰는 언어 활동이 총체적
　　　　　 으로 이루어질 수 있는 활동이다.

1. 독서 연극

반 전체 학생이 똑같은 책을 읽고 책 내용을 바탕으로 연극 공연을 하는 것이다. 책에서 가장 인상 깊었던 부분에 대해 모둠별로 배역을 정하고, 소품을 준비한 후 10분 정도 길이로 짧은 연극을 준비하도록 한다. 짧은 시간이지만 책의 등장인물의 성격을 최대한 표현하도록 지도한다.

2. 삼행시 짓기

교사가 책에 등장하는 등장인물, 배경의 지역 이름, 그리고 책 제목, 책의 저자 등 책에 관한 주요 단어들을 추출한 후 학생들에게 이와 관련된 삼행시를 짓게 한다. 책의 내용과 부합된 삼행시를 짓도록 지도한다. 삼행시 짓기가 끝나면 학생들은 모둠별로 최고의 작품을 선정한 후, 각 모둠별로 대표 작품을 발표하도록 한다.

3. 느낌 공유! 독서 토론

찬반 토론이 아니라 함께 생각과 느낌을 공유하는 독서 토론이다. 교사는 토론 그룹 하나의 참가자가 열 명이 넘지 않도록 한다. 학생들은 토론을 위해 이 책에서 가장 감명 깊게 읽었던 부분, 이 책을 통해 내가 다짐하게 된 것, 이 책에서 저자가 말하고자 하는 것 등에 대해 정리한다. 그리고 한 명이 자신의 생각을 발표하면, 다음 학생은 이것에 대해 질문하고, 또 다음 학생이 질문하는 방식이다.

예를 들면 《기차 할머니》를 읽은 후 A학생이 "초등학생인 주인공이 엄마와 아빠 없이 혼자 기차를 타고 친척 집으로 가려는 용기가 대단하다. 그리고 기차에서 친절한 할머니를 만나 즐거운 여행을 했다는 것이 인상적이었다."라고 발표를 했다. 그럼 B학생은 "A학생은 주인공의 용기에 깊은 인상을 받았군요. 혼자 여행을 하기 위해 무엇이 필요하다고 생각하나요?" 하고 묻는다. 그러면 A학생은 "먼저 스스로 무엇인가를 할 수 있는 자립심, 자신감, 용기가 필요하다고 생각합니다."라고 대답한다.

이어서 C학생이 질문하고 A학생이 답하는 형식으로 진행한다. A학생에 대한 모든 질문이 끝나면 B학생이 자신의 느낌을 공유하고 나머지 친구들이 B학생의 이야기에 대해 질문하도록 한다.

Tip

한 학생의 발언 시간은 3분, 나머지 친구들이 질문하는 시간 1분, 답변하는 시간 1분 등과 같이 시간을 정해서 토론이 진행되도록 한다.

▪ 물놀이 레크리에이션

시간:20분
준비물:물총, 동전, 물풍선, 볼풀공, 통통볼
적용 가능 과목:체육, 창의적 체험 활동
수업 효과: 모두가 집중해서 참여할 수 있다.

물총 게임

각 팀에서 참가 학생 다섯 명씩 선발하도록 한다. 중간에 테이블을 설치하고 1.5리터 페트병에 물을 가득 채운 후 뚜껑 부분에 볼풀공을 올려놓는다. 페트병 열 개를 준비하고 페트병 다섯 개에는 파란색 볼풀공을, 다섯 개에는 빨간색 볼풀공을 올려놓는데 이때 빨간색, 파란색, 빨간색, 파란색과 같이 섞어서 배치한다. 테이블에서 약 3~4미터 정도 떨어진 곳에서 교사의 호루라기 소리에 맞춰 물총을 발사한다. 청팀 학생들은 파란색, 홍팀 학생들은 빨간색 볼풀공을 페트병에서 떨어뜨리는 것이 미션이다. 가장 먼저 미션을 수행한 팀이 우승 팀이 된다.

물풍선 게임

한 팀당 5~8명이 한 걸음 정도의 간격을 두고 한 줄로 선다. 그리고 양발을 적당히 벌리고 상체를 구부린다. 교사는 맨 앞쪽에 물로 가득 찬 풍선을 열 개 둔다. 그리고 호루라기를 불면 맨 앞줄의 학생이 상체를 구부린 채 두 손으로 풍선을 잡고 다리 사이로 뒤의 학생에게 풍선을 전달한다. 같은 방법으로 학생들은 풍선을 맨 뒤의 학생에게 전달한 후 바구니에 넣으면 된다. 이때 풍선 하나가 맨 뒤 학생에게까지 완전히 전달된 것을 확인한 후, 다음 풍선이 출발하는 것이다. 단, 중간에 풍선이 터진 경우 다음 풍선이 바로 출발할 수 있다.

Tip

5~8명이 한 줄로 서는데, 이때 앞뒤 학생 사이의 간격을 세 걸음 정도로 벌린다. 교사가 맨 앞쪽에 물로 가득 찬 풍선을 열 개를 두고 호루라기를 분다. 맨 앞 학생은 풍선을 들어 다음 학생에게 던진다. 그러면 다음 학생은 안정적 자세로 풍선을 받고 다음 학생에게 같은 방법으로 전달한다. 이렇게 맨 뒤의 학생에게 전달한 후 바구니에 넣으면 된다.

동전 찾기 게임

교사는 10원짜리 동전 오십 개, 50원짜리 동전 삼십 개를 준비한다. 그리고 청팀과 홍팀으로 나누어 경기를 진행하는데 호루라기 소리와 함께 교사는 동전을 수영장 곳곳에 던진다. 그러면 학생들은 제한 시간 1분 안에 동전을 찾는다. 경기가 끝나면 교사는 팀별로 돈을 모아 액수를 확인한다. 돈의 액수가 많은 팀이 이기는 게임이다.

Tip

수영장에서는 학생들에게 의사 전달이 쉽지 않다. 따라서 사전에 게임에 대해 설명을 하는 것이 좋다. 그리고 간이 마이크를 준비하고, 사정이 여의치 않다면 사전에 수신호를 약속해서 진행하도록 한다.

수구(간이 농구대, 축구대 설치)

수영장 양쪽에 간이 축구대를 설치하고 탱탱볼 2개를 준비한다. 수영장 크기에 따라 각 팀의 인원수를 조정한다. 경기 방법은 핸드볼 경기와 비슷하다. 손으로 패스를 하거나 공을 들고 걷거나 뛰어서 상대편 간이 골대에 넣으면 된다. 모든 참가 학생들은 수경을 착용한다. 손으로 상대편의 목을 감싸거나, 손으로 얼굴, 어깨, 등을 치는 행위 등은 반칙으로 간주한다. 만약 공이 수영장 밖으로 나갈 경우, 공은 상대편 진영으로 넘어간다.

볼풀공과 풍선

수영장의 중앙 지점에 빨간 노끈을 고정시켜 놓는다. 교사는 양쪽 진영에 볼풀공을 넣는다. 이 볼풀공은 점수가 -10점이다. 따라서 자신의 진영에 볼풀공이 많으면 지게 되는 게임이다. 즉 게임 시작 신호와 함께 볼풀공을 상대편 진영으로 던지면 된다. 첫 번째 게임이 끝나면, 교사는 풍선을 수영장에 넣는다. 풍선은 점수가 -100점이다. 마찬가지로 학생들은 풍선과 볼풀공 모두를 상대 진영으로 던지면 된다.

마지막 경기는 수영장 양쪽 끝에 청팀, 홍팀 바구니와 큰 봉지를 각각 준비한다. 마지막 경기는 볼풀공과 풍선을 봉지에 많이 담는 팀이 이기는 경기이다. 교사의 호루라기 소리에 맞춰 학생들은 수영장에 있는 볼풀공은 바구니에, 풍선은 봉지에 넣도록 한다.

워터 워크 Water Walk

투명 애드벌룬 안에 학생들이 들어가 손과 발을 이용해 물 위를 걸어 반환점을 돌아오는 게임이다. 공 안에 두 명 이상이 들어가면 안전사고의 위험이 있어 반드시 한 명이 들어가도록 한다. 교사는 투명 애드벌룬을 각 팀당 두 개씩 준비하고 투명 애드벌룬 한 개가 게임에 투입될 동안 다른 하나도 준비를 해야 한다.

Tip

애드벌룬에 공기를 주입시키는 송풍기 장비를 준비해야 한다.

수영 릴레이

학생들이 좋아하는 게임 중의 하나! 릴레이는 빠질 수 없는 게임 종목이다. 각 팀에서 수영을 잘하는 학생 몇 명을 선발해서 게임을 진행하면 된다. 그런데 모두 수영에 미숙하다면 참여 학생 모두에게 튜브를 주고 게임에 참여하게 하거나, 보트에 학생을 태워 보조 학생 두 명이 보트를 끌고 반환점을 돌아오는 등의 경기로 변형이 가능하다.

물총 카우보이

각 팀의 대표 선수 한 명씩을 선발한다. 경기는 토너먼트로 진행하면 좋다. 교사는 물총을 두 개 준비하고 물총에는 물과 빨간색 물감을 섞어 넣는다. 물총을 마주 보고 서 있는 대표 선수 앞에다 놓는다. 대표 선수는 앞에 물총이 있음을 확인하고 뒤돌아 선수끼리 등을 진다. 교사가 호루라기를 불면 재빨리 뒤돌아 물총을 잡고 앞에 있는 친구의 몸통을 향해 물총을 쏘면 된다. 가장 먼저 물총을 쏜 학생의 팀이 이기게 된다.

Tip

게임에 참가하는 대표 학생이 입을 흰색 티 또는 흰색 조끼가 있으면 게임 판정에 유용하다.

물총 사냥

물총 사냥 게임에 참여하는 학생들은 전원 어두운 색 바지를 입고 위에는 흰색 반팔 티를 입는다. 또한 가능하면 보안경을 쓰도록 한다. 교사는 물총을 인원수만큼 준비한다. 그리고 A팀 물총에는 물과 빨간색 물감을 B팀 물총에는 물과 파란색 물감을 섞은 물을 물총에 넣는다.

　학생들은 상대편 친구의 흰색 티에 자기 팀의 물총에 든 물이 많이 묻도록 하는 것을 목표로 한다. 이때 주의할 점은 절대 얼굴을 향해 쏘지 않도록 하는 것, 그리고 정해진 공간 안에서 제한 시간 동안만 게임에 임하게 하는 것이다. 그리고 물총의 물은 다시 채울 수 없다. 교사는 작전 시간을 3분 주고, 팀별로 흩어지게 한다. 그리고 호루라기를 불러 게임 시작을 알리며 약 20분 정도 시간이 지난 후 호루라기로 종료 타임을 알려 준다.

　게임이 끝난 후 서로의 물감 정도를 확인한 후 승리 팀을 정하도록 한다.

■ 댄스 페스티벌

시간:10~20분
준비물:신 나는 음악, 만보기
수업 효과:참여자, 관람자 모두 흥겨워하고 즐겁게 시
간을 보낼 수 있다.

장기자랑, 레크리에이션을 진행할 때 가장 인기 있는 프로그램이 바로 댄스 시간이다. 끼가 넘치는 아이들의 코믹 댄스는 분위기를 더욱 흥미진진하게 만들기에 빼놓을 수 없다. 행사의 백미인 댄스 타임을 더욱 효과적으로 진행하는 법을 소개한다.

1. 개인기 댄스

먼저 각 조 조장을 선발한다. 조장을 통해 각 조에서 가장 춤에 자신 있는 친구를 무대로 나오게 한다. 그리고 교사는 한 명 한 명에게 번호를 지정한다. 1조 조장은 번호 1번, 2조 조장은 번호 2번……, 이와 같이 번호를 지정하고 신 나는 음악이 나오면 자신의 숨은 끼를 마음껏 발산하도록 한다.

2. 유치원생 댄스

각 팀에서 가장 춤에 자신 있는 학생 두 명을 선발한다. 그리고 교사는 지금부터 무대에 올라온 친구들은 유치원생이라고 가정한다. 따라서 음악이 나오면 가장 귀엽고 깜찍한 포즈로 유치원생답게 춤을 추도록 한다. 먼저 참가 학생에게 번호를 지정한 후 진행하면 된다. 춤을 추기 전 "몇 살이에요?" 등의 간단한 인터뷰를 하면서 유치원 학생으로 설정한 아이들의 재치로 인해 웃음이 퍼진다. 이때 댄스 음악은 당연히 유치원에서 나올 법한 만화 캐릭터 주제가면 좋다.

3. 만보기와 댄스

춤을 추고 난 후 누가 춤을 더 잘 추었는지 판단하기 어렵다면, 무대 위로 올라온 댄서들에게 헤어밴드 만보기를 착용시킨다. 신 나게 음악에 맞춰 춤을 춘 후 만보기의 수치가 가장 높게 나온 사람을 우승자로 선정하면 된다.

4. 배틀 댄스

각 팀 대표 춤 선수가 무대 위로 올라온다. 배틀 댄스는 말 그대로 1:1로 춤 대결을 펼쳐 춤 대결에서 이긴 사람은 무대에 그대로 남아 있고, 춤 대결에서 진 사람은 자리로 들어가게 되는 것이다. 교사는 두 명이 춤 대결을 벌일 때, 적절한 심판 역할을 한다. 즉 춤 대결에서 졌는데도 스스로 들어가지 않으면 친절히 자리로 안내해 주는 것이다. 또는 1:1 춤 대결이 끝난 후 학생들의 반응을 묻는다. 가령 "누가 더 춤을 잘 추었나요?", "A학생이 잘 추었다고 생각하는 사람 박수!", "B학생이 잘 추었다고 생각하는 사람 박수!"

이처럼 이야기하며 반응에 따라 판정을 내릴 수도 있다.

■ Mission is possible

시간:90분 내외
준비물:포스트마다 관련 준비물
적용 가능 과목:창의적 체험 활동
수업 효과:모둠별 팀워크 상승과 소통 능력 향상 효과
가 있다.

수련회에 참여한 학생들에게 적합한 프로그램이다. 교사는 학생들을 남자 서너 명, 여자 서너 명으로 하나의 팀을 구성한다. 그리고 조장에서 미션 용지를 나누어 준다. 미션 용지는 설치된 포스트에 이동해서 정해진 미션을 성공적으로 수행했을 때 확인받는 것이다. 학생들이 프로그램에 참여하기 전에 교사는 오리엔테이션을 실시한다. 포스트가 설치된 것을 알려 주는 수련원 부근의 지도를 각 팀별로 제공하고, 팀별로 미션을 완벽히 수행하도록 한다. 중요한 것은 빨리 마치고 오는 것이 아니라 모든 포스트에서 최고의 성적을 거두고 오는 것이다.

이 프로그램을 진행할 때, 각 팀원의 안전을 책임질 안전 요원이 팀을 동행한다. 역할은 미션 성공을 돕거나 조언을 주는 것이 절대 아니고, 오직 안전사고 예방이다. 따라서 질문하거나 미션 성공을 위한 도움을 요청하지 않도록 사전에 학생들에게 지도한다.

포스트 1. 흔들흔들 세숫대야
팀원 모두가 원형으로 바닥에 누워 다리를 하늘로 올린다.

다리를 중간에 한데 모으면 교사는 학생들의 모아진 발바닥 위에 약간의 물이 담긴 세숫대야를 올려놓는다. 학생들은 세숫대야가 넘어지지 않도록 협동해서 20초 동안 균형을 잘 잡으면 미션 성공이다. 이때 옷이 젖는 것이 염려되면, 세숫대야에 물풍선을 올려놓아도 괜찮다.

포스트 2. 모양 만들기

약 10미터 정도의 끈이나 줄을 준비한다. 팀원 모두는 줄을 잡고 교사가 제시하는 모양을 협동해서 만들어 내는 것이다. 예를 들어 교사가 오각형, 육각형, 사다리꼴, 별, 숫자 4(줄 두 개 이용), 숫자 5, 자음 ㄹ, 알파벳 M, 알파벳 W 등을 제시하면 학생들은 제한 시간 2분 안에 미션을 수행해야 한다. 모양을 두세 개 완성하면 미션 성공이다.

포스트 3. 스틱 게임

교사는 스틱(나무 막대, 마대 자루) 10개를 준비한다. 팀원 모두는 원형으로 서고 스틱(나무 막대)을 하나씩 잡는다. 그리고 다 함께 구호 "하나 둘 셋 하나!"를 외치면서 자신의 스틱은 두고 오른쪽으로 돌면서 다른 스틱을 잡는다. 또 한 번 "하나 둘 셋 둘!"을 외치면서 자신의 스틱은 두고 오른쪽의 스틱을 잡으면 된다. 이렇게 총 "하나 둘 셋 열!"까지 성공하면 된다.

포스트 4. 단체 줄넘기

단체 줄넘기 30회 이상하면 미션 성공이다. 먼저 팀원들이 충분히 연습할 시간을 준다. 연습 시간 5분이 끝나면 미션 도전 기회를 세 번 준다. 세 번을 통해 20회 성공하면 미션 완료가 된다.

포스트 5. 나뭇잎 친구들

잎 모양이 다른 나뭇잎 스무 개를 찾아서 종이에 붙이는 것이 목표다. 먼저, 교사는 작전 회의 시간 2분을 준다. 시간 안에 어떤 전략을 가지고 미션을 수행할 것인가에 대한 회의를 한다. 팀원들은 제한 시간 10분 동안 다양한 모양의 나뭇잎을 찾아 나선다. 단 교사가 정한 장소 외에는 나가지 않는다. 교사는 호루라기로 종료를 알리고 학생들은 가져온 나뭇잎을 테이프를 이용해 종이에 붙이고 미션 수행 여부를 확인한다.

포스트 6. 파이팅 사진!

출발점에서 가장 동선이 먼 지점쯤에 작은 현수막을 걸어 둔다. 그러면 팀원들이 현수막 앞에서 모두 파이팅을 외치며 팀장 핸드폰으로 사진을 찍는다. 이때 안전 요원이 사진 촬영을 도와준다. 팀장은 찍은 사진을 본부에 있는 교사 핸드폰으로 문자 메시지를 보낸다.

교사는 현수막과 팀원 전체 학생, 파이팅 여부 등을 판단한 후 답장한다. "미션 성공." 또는 "팀원들이 웃지 않았기 때문에 사진 다시 찍어 보낼 것." 등의 답을 하면 된다.

포스트 7. 보물 사탕 찾기

교사는 포스트 주위에 사탕을 신문지로 싼 후 나뭇가지 위나 뿌리 근처, 낙엽 속 등에 보물 사탕을 10개 숨겨 놓는다. 그리고 학생들이 해당 포스트에 도착하면 작전 회의 시간 2분을 준 후, 보물찾기 시간 10분을 준다.

일곱 개 이상 보물 사탕을 찾으면 미션 성공이다. 아이들은 보물 사탕을 찾으면 "심봤다."라고 외친다.

(교사는 보물 사탕이 있는 곳의 범위를 노끈을 이용해 나무를 둘러 표시해 두는 것이 좋다. 그리고 보물 사탕을 찾기 위해 땅을 파는 일이 없도록 사전에 지도한다.)

■ 엔딩 프로그램(마무리 시간)

시간:10~15분
준비물:관련 음악
적용 가능 과목:창의적 체험 활동
수업 효과:과열된 경쟁 분위기에서 벗어나 하나 됨을
확인하는 의미 있는 시간이 된다.

1. 강강술래

강강술래를 위해 대표적으로 많이 이용하는 동요가 '빙빙 돌아라'이다.

♫♪
손을 잡고 왼쪽으로 빙빙 돌아라
손을 잡고 오른쪽으로 빙빙 돌아라
뒤로 살짝 물러났다
앞으로 다시 들어가
손뼉 치며 (빙빙 돌아라)

이때 노래의 맨 마지막 부분 '손뼉 치며 빙빙 돌아라'를 진행자가 변형할 수 있다. '손뼉 치며 열 명 모여라', '손뼉 치며 자리에 앉아라', '손뼉 치며 그대로 멈춰라', '손뼉 치며 그대로 누워라' 등과 같이 상황에 맞게 재미있는 동작과 행동을 넣을 수 있다.

강강술래는 전통적으로 유명한 게임이다. '빙빙 돌아라'를 부르며 재미있게 단체 게임을 진행한다. 둥근 원을 만들고 참여한 학생 모두가 옆 사람 손을 잡고 노래에 맞춰 오른쪽으로 돈다. 노래를 부르며 다양한 활동을 하다 분위기가 무르익으면 다른 게임으로 전환을 한다.

교사가 갑자기 호루라기를 불고 세 명이라고 외치면 학생들은 세 명씩 모여 자리에 앉으면 된다. 보다 재미있게 진행하기 위해서 교사가 전체 참여 학생을 세 그룹으로 나눈 수를 외친다. 즉 전체 삼십 명이라면, "열 명"씩 모이라고 외친다. 그리고 열 명씩 작은 원을 만든 후 교사는 신 나는 음악을 재생시키면서, "머리카락이 제일 긴 친구 댄스", "키가 제일 작은 친구 댄스", "흰색 운동화 신은 친구 댄스", "청바지 입은 친구 댄스", "내가 제일 잘생겼다 댄스", "내가 S라인이다 댄스"와 같이 해당 학생이 춤을 출 수 있도록 진행해 주면 더욱 신 나고 즐거운 시간이 될 것이다.

2. 윤회의 악수

큰 원을 만들고 선다. 그리고 원형으로 선 가운데 한 명이 한 발 나와 오른쪽으로 돌며 한 사람씩 악수를 하며 덕담을 건넨다. 그러면 처음으로 악수를 마친 사람이 다시 한 발 앞으로 나와 오른쪽으로 돌며 악수를 이어 가는 방식이다.

3. 돌아라 친구야!

조별로 둥글게 모여 자리에 앉는다. 그런 후 모두 함께 친숙한 동요를 부르면서 게임에 참여한다. 동요를 부르는 중간에 교사가 말하는 것에 해당되는 학생은 자리에서 일어나 자기 모둠 주위를 한 바퀴 돌고, 자리에서 앉으면 모둠 친구 모두는 두 손을 높이 들고 자신의 모둠 이름을 외치면 된다. 예를 들어, "모둠에서 출석 번호가 가장 빠른 친구"라고 외치면 각 모둠에서 해당되는 친구는 일어나 자기 모둠을 돌아 다시 자기 자리에 앉는다. 그러면 모둠 친구들은 모두 자신의 모둠 이름인 "진달래"를 크게 외치면 된다.

교사는 "모둠에서 출석 번호가 가장 늦은 친구", "모둠에서 키가 제일 큰 친구"와 같이 한 명씩 부르며 게임 요령을 익힌 후, "출석 번호 홀수", "안경을 쓴 친구"와 같이 두 명 이상의 학생이 함께 돌게 할 수도 있다. 또한 "제일 잘생긴 친구" "제일 예쁜 친구"와 같이 민망한 주제를 던져도 재미있다.

■ 게임 운영에 대한 요령

1. 질서 점수

팀 대항, 모둠 대항전으로 게임을 진행하면 아이들은 자연스럽게 승부욕에 젖어 열심히 게임에 참여한다. 상품이 걸려 있다면, 수단과 방법을 가리지 않고 이겨야 한다는 집념으로 반칙을 써 가며 게임을 진행한다. 그렇기에 교사는 학생들에게 질서 점수를 수시로 주면서 학생들이 규칙을 정확히 지키고, 통제에 잘 따를 수 있도록 유도하는 것이 중요하다.

예를 들어, 반칙이 많이 예상되는 게임에서는 이긴 팀 200점, 진 팀 100점, 그런데 "질서를 잘 지키면 100점을 추가로 줄 수 있다."는 방식으로 말하는 것이다. 즉 게임이 진행되는 상황에서 "자리에 앉아라.", "반칙하면 안 돼.", "자리로 돌아가.", "조용히 해."라는 잔소리보다는 잘하는 팀을 부각시키며 "우리 청 팀은 줄 맞춰 서 있네요. 질서 점수 받을 확률이 높습니다.", "게임 후 질서 정연하게 원래 자리로 돌아간 백 팀, 놀랍습니다.", "질서 점수가 100점인데 어느 팀이 질서를 잘 지키는지 지켜보겠습니다." 등의 멘트로 학생들이 자발적으로 질서를 지키도록 유도하는 것이 좋다.

2. 최종 우승 팀

학생들은 게임을 할 때 '반드시 이겨야만 재미있다'고 생각하는 경향이 있다. 그래서 게임의 과정이 재미있고 즐거웠다고 할지라도, 마지막 결과 발표에서 자신의 팀이 지면 전체 시간이 재미없었다고 기억하는 경향이 있다. 그런 점 때문에 교사는 마지막에 학생들에게 질문할 필요가 있다.

"A모둠 몇 점, B모둠 몇 점?"

그러면 99퍼센트 아이들은 잘 모른다고 대답할 것이다. 그러면 교사는 이렇게 이야기한다.

"오늘 게임의 모든 점수를 종합하여 시상하도록 하겠습니다. 오늘의 1등은 A모둠, 오늘의 우승은 D모둠, 대상은 B모둠, 영예의 그랑프리상은 C모둠 입니다."

또는 상 이름을 '질서상', '열정상', '행복상', '사랑상' 등으로 바꾸어도 좋다. 시상을 이와 같이 하면 고학년 아이들의 경우 실망할 수도 있다. 그럴 때 교사가 다음과 같이 이야기를 한다면 아이들은 교사의 의도를 이해하게 될 것이다.

"오늘의 게임의 목적은 뭐였나요? 경쟁에서 이기기 위한 것이었나요? 아니죠. 우리 모두 즐겁고 재미있게 수업하기 위한 것이었죠? 그래서 질서를 잘 지킨 우리 모든 모둠, 팀에게 상을 준 것입니다. 오늘 즐거웠죠? 우리 모두를 위해 함께 손뼉 치면서 마무리하겠습니다."

Tip

교실에서 진행되는 간단한 게임, 프로그램의 경우 승리 팀을 정해 주고 다 함게 박수 치면서 축하해 주도록 한다. 그리고 교사는 "다른 친구들도 질서를 지켜 게임에 잘 참여해 주었어요. 모두 자신의 모둠을 위해서도 박수와 함성을 질러요."라고 전체를 칭찬하며 마무리하면 된다.

시상할 때의 선물은 가능하면 같은 가격대의 종류에만 차이를 두어서 수여하는 것이 좋다. 예를 들어, 모두 과자를 상으로 주는데 과자의 종류를 달리하는 것이다.

3. 마지막 뒷정리

어디에서 게임을 하건, 게임을 하고 나면 쓰레기가 남기 마련이다. 따라서 큰 봉지를 참여 팀의 수대로 준비한다. 그리고 맨 마지막 게임으로 쓰레기통 채우기 게임을 진행하는 것이다. 각 팀 조장이 비닐봉지를 들고 시작 구호와 함께 주위의 쓰레기를 주위 비닐에 담는 것이다. 제한 시간 안에 많은 쓰레기를 담은 팀이 이기게 되는 것이다.

■ 나 이런 사람이야(진로 게임)

시간 : 20~30분
준비물 : 8절지 도화지, 색연필, 사인펜, 사진
적용 가능 과목 : 실과, 창의적 체험 활동, 도덕, 사회
수업 효과 : 미래의 자신의 모습을 꿈꾸고, 이를 친구들
         에게 소개하면서 명료화할 수 있다.

교사는 8절지 도화지의 1/4 크기의 종이를 학생 수만큼 준비한다. 학생들은 종이에 색연필, 사인펜, 사진 등을 이용해서 20년 후 자신의 명함을 만든다. 이름, 살고 싶은 곳의 주소, 자신의 직업, 주로 하는 일, 그리고 공부한 학교(학력), 특기, 취미 등에 대해 20년 후 자신의 모습을 상상하며 특별한 형식 없이 자유롭게 작성하도록 한다.

미래의 명함 작성이 끝나면, 학생들은 자유롭게 돌아다니며 친구들에게 명함을 보이며 자신을 소개한다. 친구들에게 명함 소개가 끝나면, 교사는 학생들의 모든 명함을 걷어서, 명함에 기록된 내용을 바탕으로 퀴즈를 낸다. 퀴즈를 내면서 짧게 해당 학생에 대한 질문을 던지면서 마무리하면 된다.

에필로그

2004년 여름 대학 시절, '더욱 수업을 재미있게 이끌 수 있는 방법은 없을까' 하며 관련 책을 읽고 연수를 찾아 다니기 시작했습니다. 그리고 교직 생활을 하면서 고민하며 연구했던 활동과 게임들을 기록한 것들이 책으로 나오게 된 것입니다.

하루 6시간, 1년 200일 이상을 학교에서 보내는 학생들이 학교에 오기를 힘들어하는 것만큼 안타까운 일은 없을 것입니다. 학교에서 아이들의 관심사는 크게 두 가지입니다. 바로 수업과 친구입니다. 아이들이 더욱 즐겁게 교과 공부를 할 수 있는 방법, 친구들과 원만한 관계를 유지하며 생활할 수 있는 방법은 바로 '놀이를 통한 수업, 그리고 게임'이라고 생각합니다. 놀이를 할 때는 가장 아이다운 모습을 볼 수 있는 시간이기도 합니다. 늘 흥미로운 학교생활을 만들기 위해 노력하는 교사들에게 이 책이 조금이나마 도움이 되었으면 하는 바람입니다.

이 책이 출간될 수 있도록 많은 도움을 주신 오름교육연구소 구근회 소장님께 깊은 감사의 마음을 전합니다. 또한 늘 변함없는 지지를 보내 준 사랑하는 아내와 사랑하는 두 딸 예원이와 예린이에게도 감사의 인사를 전합니다.